職場は感情で変わる

高橋克徳

講談社現代新書

2016

はじめに

お互いに関わり合えない、協力し合えない「不機嫌な職場」が増えています。こうした職場では、責任感の強い人ほど、誰にも相談できず仕事を抱え込み、精神的、肉体的に追い込まれていきます。同時に、関係の希薄さが、仕事間の調整力や柔軟な対応力を奪い、生産性や品質の問題を招いてしまう。さらに、一人ひとりが自分の仕事だけに閉じこもり、お互いの仕事が見えない人たちをつくり出すことが、不正や不祥事の温床になっている職場もあります。

こういった職場に違和感を覚えながらも、どうしてよいかわからず悩んでいる人たちに、一人ひとりが閉じ込められた環境では当たり前のように起きてしまう現象なんだ、だからそうならないようにみんなで一緒に考えよう、できることからやってみよう――そんな気持ちになって欲しいという思いから、仲間四人で書いたのが『不機嫌な職場　～なぜ社員同士で協力できないのか』という本でした。

本当に多くの方からの共感をいただきました。ブログの書き込みの多さには、特に驚かされました。その多くは、「自分の職場もまったく同じだ。自分の職場を見て、書いたのかと思った」「自分の職場だけじゃないんだってことがわかった」「うちの職場はここまで協力し合えない職場ではないけれども、お互いに何か踏み込めないと感じていた原因がよくわかった」といった、自分の職場も同じだ、自分の職場の状況がよくわかったという声でした。今、職場で起きていることを客観視する手助けになったのではないかと思います。

正直に言うと、いろいろな企業から職場のマネジメントがうまくいかないという相談を数多く受けてはいたものの、実際に統計的な調査をしたわけではないので、世の中のどのくらいの人たちが同じように悩み、追い込まれているのかまではわかっていませんでした。そういう意味では、『不機嫌な職場』という本は、こうした現象に直面している人たちが実際にどのくらいいるのかを知る一種のリトマス紙だと思っていました。そして、予想以上の反応に、問題の大きさを改めて認識させられました。

同時にブログの書き込みを通じて、多くの人たちがこのままではよくない、少しでも一歩踏み出したいという思いを持っていることがわかり、正直、安心しました。「自分から周囲との関わりを避けようとしていた。でも、このままじゃ何も変わらない。『おはよう』や『ありがとう』から始めたい」「職場の問題なんだから、自分たちでもできることがある。みんなで本を読んで、一緒に話し合ってみます」「この本から勇気をもらいました。このままではよくないと思っている人は自分だけではないと思う。自分から行動を起こしたい」。こんな書き込みを見るたびに、こちらも勇気づけられました。

実際にある会社であったことなのですが、社長が出社したら、自分の机の上にこの本のコピーが置いてあったそうです。社長が、誰がこれを置いたんだと社内中に聞きに回ったところ、ある若手社員が「自分です。うちの会社の現状と同じことが書いてあります。ぜひ、読んでください」と社長に強い決意の表情で話しかけてきたそうです。おそらく彼にとってはかなり勇気がいる行動だったのでしょう。でも、一歩踏み出したい、そういう思いが背中を押したのかもしれません。

こうした現状を変えるために何かをしなければ、一歩踏み出さなければといった気持ちになった人が数多くいたことが、本当にうれしいし、心強いと思いました。同時に、少なからず周りの人たちへの関わり方を変えていった人がいることは、本当に素晴らしいと思います。

ただ、一方でこんな反応も多くありました。

「自分だけが何かしたからって、何も変わらない」「所詮、会社の問題。社長が変わらなければ、何も変わらない」「理想は理想。うちの会社が、こんな良い組織に変わるわけない」。自分には無理だ、上司や会社が変わらなければ何も変えられない、こんなの理想だ、そういった反応です。

確かに、経営者や部門長の影響は大きい。彼らが強い思いを持って、良い組織、良い会社をつくろうというメッセージを出すことで、社員は安心するし、将来への期待も膨らみます。しかし、実際に職場の中での関係性を変えていくのは、一人ひとりの社員であり、身近な職場の仲間たちです。いくら、会社から方針や仕組みが与えられても、それを実際に活かし、変わっていこうという思いをみんなで共有できなければ、何も変えることはできません。

『不機嫌な職場』で伝えたかったのは、「誰かがいけない、誰かが何かをしてくれる」でも、「自分がいけない、自分でどうにかしなければ」でもないということです。みんなで組織という生き物、組織に働くある種の力学を学び、理解する。その上で、その組織に関わるすべての人たちを幸せにする場に変えていくために、みんなで思いを伝え合い、知恵を出し合う。そういったことが当たり前のようにできる、そんな職場に変えていこうということです。

組織は、そこに関わる人たちを幸せにする一つのツールでしかありません。しかし、組織は時に人の活力を奪い、人の心や身体の健康すら奪ってしまう。だからこそ、そうならないために、そこに関わる人たちが自分たちの手で組織をマネジメントする必要があるのです。

　この本は、こうした思いを持った人たちが、実際にどうやって組織という場を、自分たちを幸せにする場に変えていくか、それを具体的に考え、実行していくための手助けをしたいと思い書きました。

　このとき、鍵になる概念が「組織感情」というものです。「組織全体に広まっている感情」というものをみんなが知り、それを良い状態になるようにマネジメントすることが、幸せな組織づくりを助けてくれます。組織感情という概念を通じて、一緒に人を幸せにする組織づくり、職場づくりについて考えていきましょう。

目　次

第四章　組織感情を引き出し、共有する方法

第一章　組織にも感情がある

あなたの職場、元気ですか？

・みんな、元気がなくて、暗い感じがする
・お互いにイライラして、ピリピリとした感じがする
・みんなが保守的になっていて、殻に閉じこもっている感じがする
・職場全体に活力があり、イキイキとしていて、前向きな感じがする
・お互いに優しくて、あたたかい感じがする

こんな風に、職場全体が何か一つの感情を共有しているように感じたこと、ありませんか。

もちろん、組織は人間ではないし、生物学的な意味での感情というものを持っているわけではありません。でも、何か組織全体が一人の人間のように元気になったり、逆に落ち込んだりしてしまう。こんな風に感じたこと、ありませんか。

もとをたどれば、一人ひとりの感情です。でもそれが広まり、その組織のメンバーに共通の感覚を与えてしまうもの。これが「組織感情」です。

特に、職場という身近で閉鎖性の高い組織では、お互いの感情が伝わりやすく、気づくとみんなが同じような感情を持ってしまう。こういったことが起こりやすくなります。

そこでまず、あなたの職場が今、どのような感情状態になっているのかを見ていきます。ただ何となく雰囲気が悪い、何か暗い、元気がないと言っていても、その感情を変えていくことはできません。実際にどのような感情が広まっているのか、それが組織のメンバーにどのような影響を与えているのか。これを把握することが必要です。

あなたの職場の感情がどうなっているのか、一緒に探っていきましょう。

組織感情は一人ひとりの意識と行動に影響する

なぜ、職場の空気や雰囲気をつくり出している「組織感情」に注目することが必要なのでしょうか。それは、組織感情があなたの意識や行動に大きな影響を与えるからです。

本当はポジティブで何でもチャレンジしようとする人も、みんなが保守的になって、殻に閉じこもっていると、自分だけが一歩踏み出して何かをやろうと手をあげることができなくなる。それればかりか、自分も気がついたら、いつも保守的な行動をとるようになってしまう。自分自身が、保守的な空気をつくり出す一因になっている。こんなことが起きてしまいます。

私も、自分自身はできるだけ周囲に元気を振りまく存在でありたいと思っていて、自分から職場の人たちによく声をかけるし、後ろから覗き込みながら、何やっているのって声をかけたりするようにしています。かなり、うっとうしい奴でもあるようですが、そうやっていろいろな人と直接話をすることが、自分にとって何より楽しいし、周りの人たちにとっても声をかけやすい存在にはなっているようです。

ただこんな私でも、今までの職場経験の中では、自分から声をかけることをためらわざるを得なくなる状況が長く続いてしまい、表面的には元気を装っていても、本当に一部の親しい人たちとしか本音の対話ができない、そんなつらさに押しつぶされてしまいそうになったこともありました。

周りがどうあろうが自分だけが前向きにがんばれる人は、本当に強い人なのだと思います。しかし、実際にどのくらいの人がそういう強さを持っているのでしょうか。逆に、自分だけでは落ち込んでしまうことも、周囲の前向きさや明るさに元気づけられて乗り越えられた経験はないでしょうか。こうした、目に見えないけれども周囲が持っている空気、組織全体に広がっている感情が自分の意識や行動に少なからず影響を与えていることは、誰でも実感したことはあるはずです。

組織感情マップをつくろう

周囲の感情が、各人に何らかの影響をもたらしていることは確かです。しかし、この周囲の感情が、どういうものなのかよくわからず、どうしたらよいかもわからないということはないでしょうか。

何となく元気だとか、明るいとか、暗いとか、嫌な感じがするということまでは、感覚的にわかるけれども、実際にどのような感情が広まっているのかを知り、さらにそれをみんなで共有するための共通のフレーム（枠組み）は今までありませんでした。だから、最近、どうも職場がおかしいよなって思っていても、的確な表現ができなくて、あまりきちんとした会話に結びつかない。具体的に何が問題なのかが見えてこない。

組織に広まっている感情という捉えどころのないものの正体をきちんと理解し、その対処方法を考えるためには、やはり何らかのフレームが必要です。

しかし、これまで経営学、組織論の中では、組織感情という概念は明確にはなかったし、その分析のフレームも提示されてきませんでした。そこで、人間の感情に関する心理学、神経生理学、脳科学などの研究をベースに、組織感情への適用可能性を検討し、いくつかの企業で実験・実証をさせていただきながら、組織感情を分析するフレームをつくりました。それが、次ページの図1に示した、「組織感情マップ」というものです。組織の

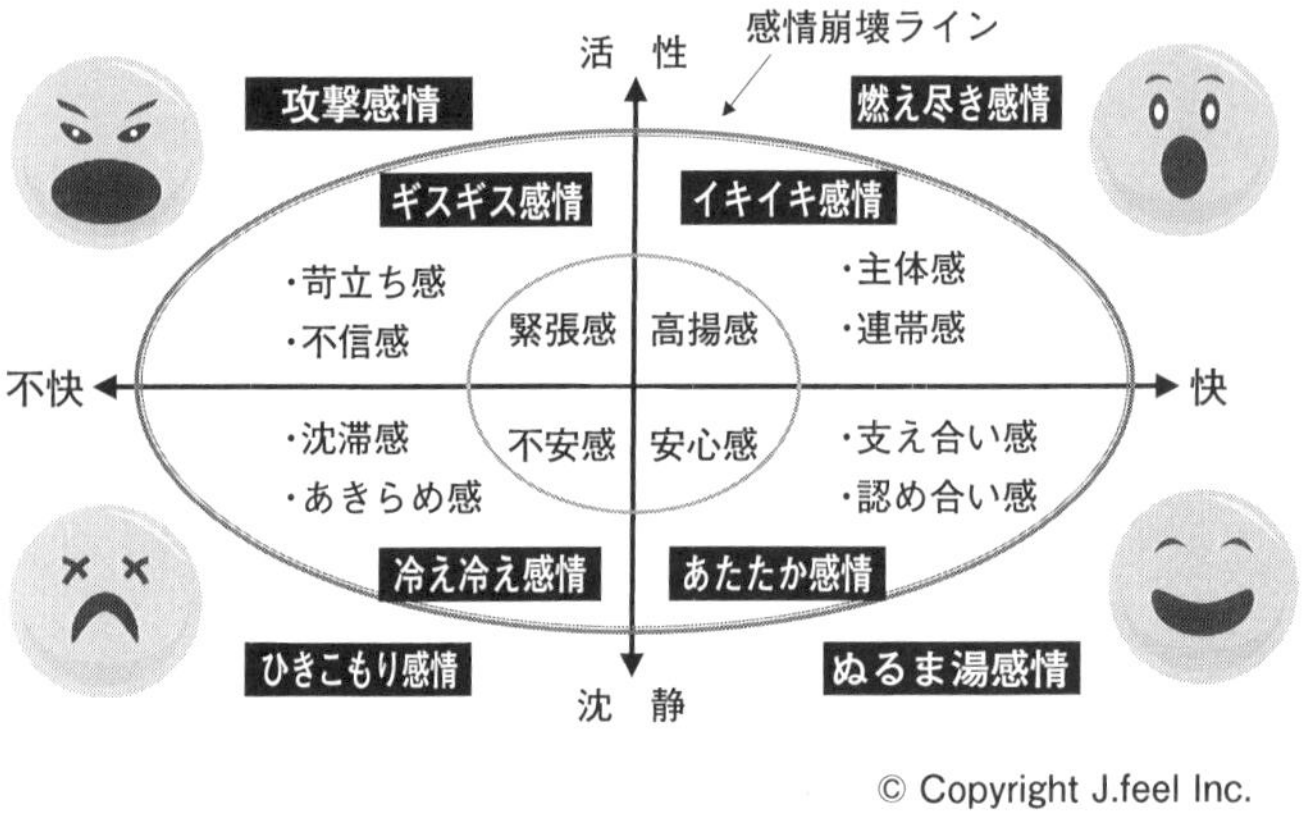

図１　組織感情マップ

中に広がる典型的な感情をマップ上に配置してみたものです。

個々の感情については、後ほど詳しく見ていきますが、感情を分析する軸は通常、快感情と不快感情といった感情の種類の軸と、さらにその感情の高まり度合いを表す活性と沈静という二つの軸によって大きく「イキイキ感情」「あたたか感情」「ギスギス感情」「冷え冷え感情」の四つの組織感情に分けられます。

さらに、その枠外には、感情のコントロールが困難になる領域を「感情崩壊ライン」と定義し、それぞれ「燃え尽き感情」「ぬるま湯感情」「攻撃感情」「ひきこもり感情」としています。

あなたの職場の中で、今、どのような感情が広がっているのか、その分布を知るためのツールが、「組織感情診断」です。

		職場全体に広がっている（3点）	比較的こうした感情を持つ人が多い（2点）	比較的こうした感情を持つ人が少ない（1点）	こうした感情を持つ人はいない（0点）	合計
1	職場が楽しいという気持ち					①イキイキ感情
2	自分から進んでやってみようという気持ち					
3	同じビジョン、目標に向かって頑張ろうという一体感					
4	お互いに対するあたたかい気持ち					②あたたか感情
5	お互いが弱いところを補い合っているという気持ち					
6	一人ひとりの良さ、長所を認めようという意識					
7	やりきること、仕上げることへの切迫感					③ギスギス感情
8	自分がうまくいかないことにイライラする気持ち					
9	相手が何を考えているかわからないという気持ち					
10	この先どうなるかわからない不安な気持ち					④冷え冷え感情
11	気が重い、やる気がでない気持ち					
12	何をしてもどうせ変わらないという気持ち					
13	お互いに踏み込まない、関わらない気持ち					⑤ひきこもり感情
14	自分は結局一人であるという孤独な気持ち					
15	何が何でも成功しなければならないという意識					⑥燃え尽き感情
16	絶対に手を抜けないという意識					
17	相手を否定する気持ち					⑦攻撃感情
18	相手を排除したいという気持ち					
19	誰かがやってくれる、決めてくれるという意識					⑧ぬるま湯感情
20	このままでも良い、これで十分という気持ち					

組織感情診断質問票（簡易版）

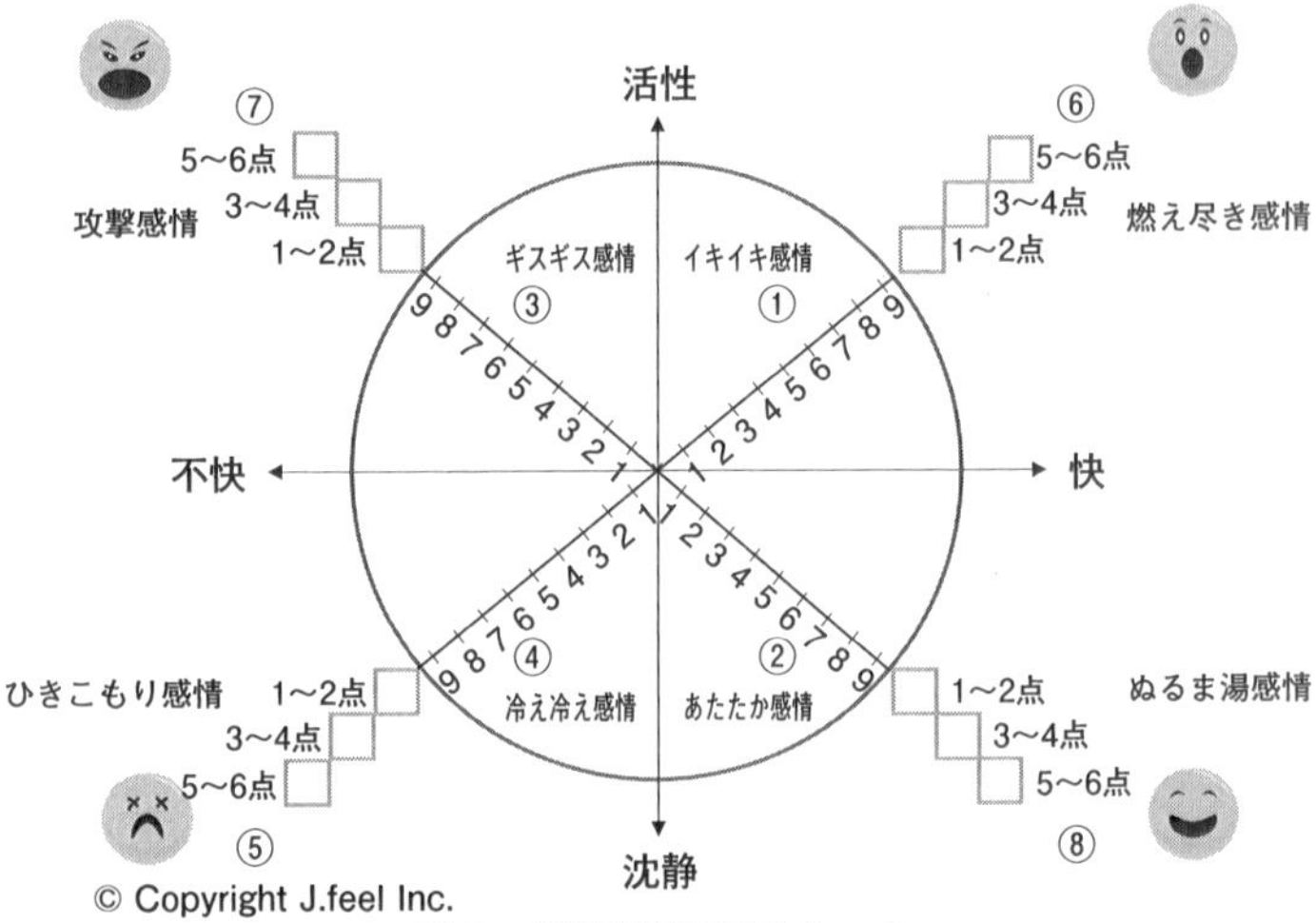

図２　組織感情の記入シート

まず最初に、あなたの職場の感情がどうなっているか、見ていきましょう。

前ページの表に提示したものが、組織感情を把握するための質問票の簡易バージョンです。職場の中で感じる、さまざまな感情や気持ちを並べています。簡易バージョンなので、質問数はかなり絞っていますが、大枠のフレームは正規バージョンと同じです。

それぞれの感情や気持ちについて、どのくらい組織全体に広がっているとあなたが感じているかを四段階で評価してみてください。「職場全体に広がっている」と思えば「3点」、「比較的こうした感情を持つ人が多い」と思えば「2点」、「比較的こうした感情を持つ人が少ない」と思えば「1

点」、「こうした感情を持つ人はいない」と思えば「0点」です。

その上で、右にある組織感情の区分ごとに合計点を出して、さらに図2の該当する箇所に得点を入れてみてください。①から④の感情については、四つの点を結んで四角形をつくってください。枠外に出ているものは、該当する□をレ点でチェックしてみてください。

簡易バージョンなので、実は私の会社（ジェイフィール）で実施している正規バージョンとは回答の仕方も異なっています。正規バージョンでは組織感情に加えて自分感情も聞いていきます。なぜなら、そのギャップを見ることで、自分自身と周囲との間で溝になっている感情を浮き彫りにできるからです。

また、あなた一人で回答した場合は、あくまで、あなた自身が今の職場の感情をどう認識しているか、どう感じているかを図示したものです。

ですが、この簡易バージョンでも、周囲の人たちに配って回答してもらうと、各人が職場の感情をどう感じているのか、それを合算すれば、大まかではありますが職場全体の感情としてみんなが共通に感じているものが浮き彫りにできます。

では、この結果をどう見ればよいのか。組織感情マップの見方を解説していきます。

快感情×活性状態＝イキイキ感情

通常、活性化した明るく元気な組織というと、組織感情マップの右上の快感情が活性状態で共有化されている状態をイメージする人が多いと思います。これを「イキイキ感情」と名付けました。喜怒哀楽でいえば「楽」、つまり「楽しい」「ワクワクする」といった感情が該当します。よく言われる「モチベーション（やる気）」というのも、このカテゴリーに該当する感情です。

イキイキ感情の中をもう少し分類すると、最初に表れるのは「高揚感」です。経営者が語る夢やビジョンに感動し、会社や自分の将来に期待でき、ワクワクしてくる。ここにいることが楽しい、刺激的だと思う。こうした感情です。

この感情がさらに高まっていくと、「主体感」が生まれます。自分から何かやりたい。自分もがんばろう。そういう意欲が生まれ、当事者意識や自律的な意識を持つ人が増えていく状態です。一人ひとりが自分で考えて、行動を起こしている状態でもあります。

さらに、一人ひとりだけでなく、組織全体で同じ目標の実現に向かっている、一緒に成し遂げようという意欲が共有されてくると、これが「連帯感」になっていきます。

イキイキ感情は、この高揚感を起点にして、主体感と連帯感が共有されている状態だと定義できます。組織全体が一種の興奮状態にあり、勢いのある状態であるとも言えます。

快感情×沈静状態＝あたたか感情

次に、同じ快感情でも、沈静状態にある感情について見ていきましょう。組織感情マップの右下にある「あたたか感情」です。喜怒哀楽でいうと「喜」、さらに「やすらぐ」「愛情」といったものが該当します。うれしい、ほっとするといった感情です。

あたたか感情の起点になるのは、「安心感」です。この人たちと一緒にいると素直に自分が出せる、偽らなくてもよい、周りの人たちも自分のことを見てくれている、信頼できる人たちだ。こうした安心感が組織を支える土台としてしっかりと共有されている状態です。

こうした安心感があれば、二つの感情が芽生えてきます。

一つは「支え合い感」。お互いに助け合おう、協力し合おう、補い合おう。こうした感情は、実際に何か問題があった時に親身になって、一緒に解決しようとしてくれたり、一緒に知恵や力を出し合うという行為の交換が行われた時に、実感できるものです。

もう一つは「認め合い感」。こうした行為の交換の結果、お互いに感謝し合える、お互いの力を認め合える、お互いの存在を尊重し合える。こうした感情が共有された時に、お互いがお互いのことを必要としているという感情を伝え合い、実感し合うことができます。

あたたか感情は、こうした「安心感」を起点に、「支え合い感」、「認め合い感」が共有された状態です。お互いが一緒に生きていくために、不可欠な組織感情であると言えます。

不快感情×活性状態＝ギスギス感情

では、不快感情はどのようになっているのでしょうか。

まず、不快感情が活性状態、興奮状態で共有されている、組織感情マップの左上を見ていきます。これは「ギスギス感情」と名付けました。喜怒哀楽でいえば「怒」です。「嫌悪」「否定」「嫉妬」といった感情もここに入ってきます。

ギスギス感情の起点になるのは「緊張感」です。緊張感とは、自分の心と身体に不快なストレスがかかった状態です。期日までに仕上げなければいけないが時間が足りない。目標達成や成果への強いプレッシャーがかかっている。こういった状態です。

緊張感は確かに不快な感情ではありますが、状況によっては適度な緊張感は必要です。特にお客様に良いものを提供したい、あるいは何かを実現したい、達成したいということにつながる緊張感は、仕事への集中力や粘り強さ、責任感を高めていくことにもなります。

しかし、緊張感が強くなり、同時にうまくそれが解決されるだけの成果や取り組みができないと、「苛立ち感」「イライラ感」に変わっていきます。うまくいかないことに、腹が立ってくる。ついついうまくいかなくて、表情や態度に苛立ちが出てしまう。

こうした状態が続くと、周囲にもイライラが広がっていきます。組織全体がうまくいかないことに、苛立ち、怒り、焦りを覚えるようになってしまう。

そういう中で、上司や会社は成果を出せ、どうにかしろとばかり言って、結局、誰も打開策を一緒に考えたり、一緒に動こうとしてくれないという状況が続いてしまうと、周囲に対しての「不信感」が生まれてきます。これだけ自分はがんばっているのに、なぜ、うまくいかないのか、こんな無理難題を強いてくる上司や会社が悪い、こうした状況をつくったのは会社の責任だ、こうなってきます。

同僚に対しても、あいつだけがなぜ成功しているのか。きっと上司に取り入るのがうまいんだとか、あいつは楽なところを任されているからだとか、嫉妬に近い感情がベースになって不信感を持つようになる。

ギスギス感情は、こうした不快な感情が自分を責め、やがてそれが周囲に向かっていく感情です。これが組織全体に広がると、お互いに対して苛立ちをぶつけ合うようになり、まさにギスギスとした雰囲気の職場になってしまいます。

不快感情×沈静状態＝冷え冷え感情

では最後に、不快感情が静かに共有されている、組織感情マップの左下の状態を考えてみましょう。これを「冷え冷え感情」と名付けました。喜怒哀楽でいえば「哀」です。「悲しみ」「憂うつ」「恐れ」といった感情が該当します。

冷え冷え感情の起点になるのは「不安感」です。何かおかしい、何となく元気が出ない。その背景に、自分や会社の将来に対する不安感、自分が必要とされていないのではないか、自分が認められていないのではないかという不安感があります。現状も将来も肯定できない時に、人は不安感を抱きます。

この不安感も、緊張感と同じで、実は組織にとっては、適度に共有されていることが必要です。将来にまったく不安のない状態では、新しいチャレンジは生まれてきません。ただ、情報が共有されていない中で、各人が勝手に現状や将来に対して不安を感じている状態だとすると、それはよくない。緊張感も不安感も、正しい情報が伝わった上で組織が成果を出すことや将来に向けてチャレンジをすることの必要性を感じて初めて、有効に機能するものです。そうでなければ、個人を追い込む感情になってしまいます。

こうした不安感が強まり、しかもその状況が続いてしまうと、「沈滞感」が広がっていきます。組織全体が元気をなくした状態です。前向きになれず、やる気が湧いてこない。どうにかしなければという気持ちを持てずに、みんながふさぎ込んでしまう。

それがさらに進むと、「あきらめ感」「閉塞感」が蔓延《まんえん》してきます。どうせ何も変わらない。このままの状態が続くんだ。そういう気持ちが組織全体を占拠してしまう。どうせやっても無駄だ、あきらめよう。そんな感情です。

冷え冷え感情は、組織全体が体温を失っていく状態を表しています。お互いの中に通い合う気持ちが徐々になくなっていく。お互いの関係が希薄になっていく。そうなると、組織全体が病に臥《ふ》し、やがて動けなくなってしまいます。

感情崩壊ラインに注意

この「イキイキ感情」「あたたか感情」「ギスギス感情」「冷え冷え感情」の外側に、さらに四つの感情が定義されています。これらは感情崩壊ラインを越えた感情という意味で、枠外に出しました。

感情崩壊ラインとは、自分たちで制御できない、コントロールできない状況になっていて、感情の連鎖を止めることが難しくなっている状態を指しています。

「イキイキ感情」が強くなりすぎると、組織全体の体温が高まってきて、みんなの活力が最大限引き出されている状態に近づいていきます。勢いがあって、団結力もある、燃え立つ組織です。

ただ、それはそれでリスクもあります。誰もその勢いを緩めることができず、みんなが疲れてきていても、走り続けようとしてしまい、その結果、ついていけない人、疲弊してしまう人をつくってしまう可能性が出てきます。みんなもがんばっているんだから、走り続けなければならない、成功しなければならない、絶対に手を抜けないといった感情が広がっていきます。これが、「燃え尽き感情」です。正確に言うと、まだ燃え尽きてはいないのですが、リスクが高まっているという意味で「燃え尽き感情」としました。一見、走り続けている状態は気持ちよいのですが、誰もそれを止められないため、いつも追い立てられて、切迫感も感じている状態です。そのまま放っておくと、潰れる人が出てしまう可能性があります。

また「あたたか感情」が強くなりすぎると、お互いを尊重する気持ちが強くなりすぎて、踏み込んでぶつかり合うことができなくなります。お互いの優しさが、時に邪魔をしてしまい、現状を変えていく動きを妨げてしまう。依存心が強くなり、お互いに甘えも強くなる。これが「ぬるま湯感情」です。みんながぬるま湯につかったまま、誰も出て行こうとはしない。身体にはいいけれども、活力が出てこない。これでは状況変化が起きた時に、率先して自分から打開しようと立ち上がる人は出てきません。

「ギスギス感情」が強くなりすぎると、相手に対して「攻撃感情」と攻撃的行動が出てきます。強い嫌悪感からこの人を排除しよう、否定しようという気持ちが強くなり、お互いに対して攻撃的な感情のやり取りが生まれてくる。自分の感情が抑えられず、相手を傷つけるような言動をとってしまう。相手が悪いといって自分を正当化してしまう。組織全体にこうした感情が広まってしまうと、お互いの関係を維持することは困難になります。

最後に「冷え冷え感情」が強くなりすぎると、みんながお互いに関わることを放棄し、自分の殻の中に閉じこもろうとする。組織や他人に何かを期待することをあきらめてしまい、関わることで何かまた裏切られた感を味わうぐらいなら、もう関わるのをやめよう。そういう気持ちが蔓延してきます。これが「ひきこもり感情」です。

これらの感情崩壊ラインを越えた四つの感情は、どれもあまり望ましいとは言えません。「燃え尽き感情」と「ぬるま湯感情」は共に快感情ではありますが、その快感情がかえって次への一歩を弱めてしまう。この崩壊ラインを越えないように、組織感情を適正に保つということを考えなくてはなりません。

組織感情マップから、何を読み取るか?

それでは組織感情の分布を見ながら、いくつかのケースをもとに、実際に何が起きていたのか一緒に考えてみてください。

事例1　あたたかくて仲が良いけど、何か物足りない職場

事例1は、「あたたか感情」が突出して強いケースです。一見、お互いに支え合い、認め合っている良い組織に思えます。日々の仕事を淡々とこなしながらも、お互いによくコミュニケーションはしているし、公私ともにお互いに相談し合える。ある意味、のんびりとした仲の良い職場というところが多い。

ところが、イキイキ感情は共有されていない。将来に対する期待感、それに向けて自分から行動を起こしていく、組織全体が同じ目標に向かっている感覚もほとんどない。そして、このままでもよいのではないかという「ぬるま湯感情」が広がっている。いわゆる、競争する必要もないし、退出を迫られることもない。だから、誰も出る杭《くい》にはなろうとしない。なろうとすると、「まあまあ、そこまでやらなくても」と言われる。そんな職場です。

最近は減ったとは言え、業務内容が大きく変化することなく、日常的な処理業務中心の

職場、大企業の管理部門や役所などで手続きを重視している職場、事業が成熟期に入っているが、現状のままでもある程度の利益が確保される職場などで、よく見られるケースです。

こうした職場の問題は何か。それは、変化に弱いことです。自らが変革していく力が弱い。状況が厳しくなった時に、このあたたか感情が、甘えの感情に変わってしまう。誰かがやってくれる、待てばどうにかなる。そういう組織感情が広がっていくと、誰もその変化を捉え、自分から前向きな動きをとろうとしなくなる。

組織を支える土台にあたたか感情が広がっていることは大切ですが、それだけでは組織の変革能力は低下してしまいます。いざという時に、誰も前に出ない、みんなで沈んでしまう組織になりかねません。

事例2　イキイキ感情が共有され、活気はあるけど、つらさも感じる職場

事例2は、「イキイキ感情」が極めて高いケースです。営業部門や事業開発部門などによく見られます。成果志向が強く、売り上げや成長に向けた意欲が共有されている職場は、この典型です。お祭り文化を持った職場も多い。業績が上がれば垂れ幕が飾られたり、頻繁に表彰があって、成績上位者は顔写真が貼り出される。だから、がんばろうという前向きな気持ちも引き出されている。そんな職場です。

その中でもチーム目標が共有され、職場全体で何か新しい事業や業務を立ち上げようとしている職場では、連帯感、達成意欲が高まっていく。そういう意味では、連帯感が伴うと、さらにみんなの力が重なり合っていく実感を得られるようになる。

ところが、こうした職場を見ていくと、前向きなんだけれど、何かつらそうに感じるケースも多くあります。余裕がない。みんなが必死になって働いている。自分ががんばらなければという気持ちが強すぎて、みんなが「がんばり」を競い合っている雰囲気になってしまう。その結果、疲れ果てていく人、もう走れないとつらくなる人が出てきてしまう。燃え尽き感情が広がり始める。

イキイキ感情が高い組織は、主体感ばかりが高く、高揚感や連帯感が相対的に低くなっていないかに注目する必要があります。同時に、このイキイキ感情についてこられない人が出ていないか、それがネガティブな感情を生んでいないかを見ていく必要があります。

事例3　焦りが苛立ちに変わってきている職場

事例3は、「イキイキ感情」と「ギスギス感情」がともに高く出ているケースです。

イキイキ感情は、ついていけない人も生み出してしまいます。その勢いに乗り切れない、強いプレッシャーを感じ、とにかく成果を出さなければ、みんなについていかなければという気持ちが職場全体を支配し始めると、成果を出せない、うまくいかない人たちから、焦りの感情、苛立ちの感情が出てきます。

最初は、自分の中だけで起こります。余裕がない、できないこと、間に合わないことに、焦ってしまい、周囲からのちょっとした依頼にも、「今、できません」と強い言葉で反応するようになる。人と対話することなく、いつもバタバタと動いていて、〝声かけるなオーラ〟を発している人も出てくる。

ストレスが異常にかかっている職場では、お客さんとの電話にイライラして受話器をガチャンと強く切る人や、ゴミ箱をけるなど、ものにあたる人も出たりする。素直な心の防衛反応として、行動に出てくる。

ただし、まだこの段階は、自分に向いた感情です。自分への苛立ち感が連鎖し始めている状態だと言えます。

事例4　感情をぶつけ合っているギスギスとした職場

事例4は、「ギスギス感情」が極めて高いケースです。

自分に苛立つ状況が続くと、こんなことになっているのは会社のせいだ、上司のせいだとなっていきます。イライラとした感情が止まらなくなると、人や周囲への不信感が高まっていく。時に、嫉妬も伴って出てくる。

実際にお互いの関係性が壊れている職場の典型がこのギスギス職場です。一人ひとりが追い込まれた感情が、やがて会社や上司、周囲への不信感、それが抑えられないと周囲への否定、嫌悪感などを口にしだす。こうなると、「ギスギス感情」の連鎖は止まりません。

多くの場合、こうしたケースは、何らかの行動がきっかけになっています。部下を追い込む高圧的な上司の態度や言葉、身勝手な行動で周囲を振り回し、イライラさせるメンバー、何があっても、自分の成果に関係ないことは一切やらないメンバー。こうした行動が、お互いへの不信感や批判を生んでしまう。

あるいは、お互いの部門のやり方がわからないまま、それぞれの部署のやり方で、当たり前のように仕事を頼んでくるケース。「明日までにやって欲しい」、「そちらでチェックするのが当たり前でしょう」などというやり取りが生じると、お互いに仕事の押し付け合いが始まる。実際にクレームがあって、自分の部署の責任ではないと仕事を押し付け合っていて、それが電子メールのCCで関連部署に回って、気づくとその嫌なやり取りの輪に加えられている。そんなことが起きている職場です。

ギスギス感情の出発点は、各人にかかる過度なプレッシャーや緊張感です。業績を上げなければ、これだけの仕事を期日までにこなさなければ、競争に勝たなければ、みんなに迷惑をかけてはいけない。そんなプレッシャーが過度にかかりすぎると、余裕をなくしていく。そうなると、上司や周囲の言動が自分を追い詰めているように感じてしまうことも多くなる。余裕がある時は深く考えずに流すことができたことも、気になって仕方なくなる。最初は自分の問題と捉えていたことも、もしかしたら上司が悪い、周囲が悪いと思い出す。気づくと、一つひとつの言動にイライラし始める。こんな感情の連鎖が、やがてお互いの言動に対する批判を行うようになり、それがギスギスした職場を生んでしまうのです。

事例5　関わりを拒絶する人たちが増えていく冷え冷え職場

事例5は、「冷え冷え感情」が高いケースです。

こうした感情のぶつかり合いが起こり始めると、そうしたやり取りを見て不快だという気持ちを持つ人も増えてきます。イライラした気持ちを出す人がいると、周囲は関わろうとしなくなる。よそよそしくなる。それがお互いの距離を広げてしまうことになる。

同時に、過度なプレッシャーから自分への苛立ちが高まった人たちの中には、周りの人にその苛立ちが向かわず、自分を責める方向に向かう人たちも増える。やっぱり自分がダメなんだ、自分は認められない、必要とされない。こうした不安感は、また一人ひとりを萎縮させていきます。

会社が大きな不祥事を起こした、業績が悪化した、社員のリストラを行った。このように会社が負の方向に転がり始めることも、不安感の広がりにつながります。上司がおかしい、他部署がおかしいというレベルであれば、まだお互いにその不満を口にしたり、ぶつけ合うことができる。ところが、自分の力ではどうにもならない、自分の将来を閉ざすような大きな出来事が起こると、不安感は一気に高まります。こうなると、みんなが話題にあげて話をしても、議論にならない。ふさぎ込む、ため息が出る。そんな状態が続きます。やがて沈滞ムードが蔓延してしまう。

さらに、もうどうにもならない、この会社の将来はない、自分はこの会社にいてもどうせ認められることはない。そういう思いが連鎖し始めると、あきらめ感が職場を支配してしまう。何をやってもうまくいかない。どうせ何も変わらない。

最後は、みんながひきこもる。自分の目の前の仕事だけをすればよい。真面目にやっているふりをしよう。お互いのことには関わらない。そんなひきこもり感情が広がる。

「不機嫌な職場」として一番多くなっているのが、こうした職場です。お互いに関わり合えない、おかしいということにも声を上げず、ただ日々の仕事をこなしていく。困ったことがあったり、どうにかしたいということにも手を貸そうとしない。それがますますお互いの関係性を希薄にしていきます。

事例6　お互いが見えない、感情が伝わらない無感情職場

実はもう一つよくあるケースが、どの感情も低く出てしまう職場です。「イキイキ感情」も、「あたたか感情」も、「ギスギス感情」も、「冷え冷え感情」も、特に強く出ているものがない。活気もないけど、不平不満もあまり聞こえてこない。そんな感情の交流が極端に少ない職場です。

何が起きているのか聞いてみると、お互いのことがよくわからないのだと言います。別に普通にコミュニケーションはしているし、仕事上の問題も起きているわけではないけれども、お互いが何を考えているのか、何を感じているのかわからない。組織全体の感情共有がほとんどない、無感情状態に近い職場だと言えます。

関係が希薄になっているという意味では、冷え冷え感情が共有されている職場と同じですが、お互いに壁を感じて、踏み込めなくなっていて、タコツボに入り込んでしまったというよりも、はじめからタコツボに入り込みやすい人たちがそれなりに心地よさを感じながら、淡々と仕事をしている。情報のコミュニケーションはあるけれど、感情のコミュニケーションがない。だから、余計なことに振り回されることはないけれど、心の交流はほとんどない。そんな職場です。

専門性の高い分野の研究開発組織ではよく見られます。別にお互いに関心がないわけではないし、普通に話をするけど、積極的に関わることよりも自分のやりたいことを淡々とできる環境の方が良いと思っているので、特に問題を感じているわけではない。

確かに一見、個人にとっては居心地がいいのかもしれません。でも、何かが起きた時に、一緒になって相談したり、解決しようという取り組みができない。自分が壁にあたっても、発想を広げてくれる機会や仲間がそばにはいない。誰もちゃんと自分を見てくれているわけではないから、心から褒められた、認められたという実感も持てない。人と関わらないのは楽かもしれないけれど、やはりつまらない。どこかで行き詰まる。そんな感情を持つ人が、実は一番多くいる職場なのではないでしょうか。

良い職場とは、どういう職場？

いくつかのケースを見てきましたが、どれも、何らかの問題を抱えています。では、良い職場、良いチームは、どういった組織感情マップになるのでしょうか？

その前に、まず、あなた自身が考える良い職場、良いチームの定義をしてみてください。実際に研修の場で聞いてみると、いろいろな捉え方、表現があるのだなと感心させられます。

一人ひとりの高い意識と能力

・一人ひとりが高いプロ意識を持って働いている職場
・一人ひとりが高い専門性を持って貢献しようとしている職場
・一人ひとりがイキイキとやる気に満ち溢《あふ》れている職場

みんなで何かに向かっていく一体感

・夢を共有している、思いを共有している職場
・目標やゴールイメージを共有し、その達成にみんなが邁進《まいしん》できる職場
・いざという時には一致団結できる職場

お互いの力を引き出し合う関係

・お互いの発想やアイデア、お互いの力を引き出し合える職場
・各人のやりたいことをお互いがバックアップしてあげられる職場

・異質な人たちが集まり、知恵を出し合い、独創的なものを生み出す職場

お互いを支え合う関係

・仲間意識が持てる職場、上司も含めて仲間だと思える職場
・後輩の面倒見のよい職場、素直に後輩を育てたいと思える職場
・潰れる人は出さない、みんなでお互いを守ろうとする職場

心の支えになる場

・笑顔で満たされた職場
・思いやりのあるあたたかい職場
・本音で何でも話せる、語り合える職場
・つらい時ほど、会社に行きたいと思う職場
・一緒に旅行に行きたいと思える職場
・リタイアしたあとも付き合いたいと思える仲間ばかりの職場
・子どもや家族も巻き込みたいと思える職場

誇りが持てる職場

・仕事や会社に誇りを持てる職場
・一緒にいて誇れる、自慢できる仲間に囲まれていると実感できる職場
・みんなが主役感、自分が役立っている感を持てる職場
・みんなが仕事が面白い、職場が楽しいと素直に思える職場

どうですか。本当に実にいろいろな表現で、良い職場を定義できることがわかります。どれもうなずけるし、イメージも浮かんでくる。

良い職場、良いチームであるかどうかを最終的に決めるのは、その職場やチームがお客さんや社会に必要とされる高い価値を提供していたかどうかです。それは、生み出した製品やサービスが世の中の人たちの幸せにどれだけ寄与したかで測られるべきです。その代替指標の一つが収益であるはず。収益は組織が存続して価値を生み出すために、必要な資源です。企業や組織がより大きな価値を世の中に提供し続けるために、適切な利益を得ていくことは必要です。ただし、あくまで利益は人を幸せにするための手段であって、目的ではない。

こう考えると、良い職場、良いチームとは、「人々を幸せにする価値を生み出し続けら

れる組織」だと定義できます。

だとすると、良い職場、良いチームであるためには、何が必要なのでしょうか。大きく分けて三つの要素が必要です。

第一の要素は、一人ひとりがイキイキと前向きな感情を持って、職場やチームに参加できているかどうかです。いくら組織全体の一体感があり、強い組織でも、参加しているメンバー一人ひとりはやらされているだけで、前向きになれず、疲弊感を募らせていたら、それは良い職場、良いチームとは言えません。まずは、一人ひとりのイキイキとした感情が、組織全体に広がっていることが必要です。

第二の要素は、お互いの関係性です。お互いを認め合い、支え合い、学び合う良い関係が築けているかどうかです。そのベースに信頼や愛情がある。だからこそ、お互いに対する思いやりも、一人ひとりの前向きな感情も生まれてくる。イキイキ感情を支えるベースとしてのあたたか感情が、同じように強く出てこなければ、やはり良い職場にはなりません。

そして第三の要素は、こうした活動を通じて、自分たちがやっていること、自分自身を肯定できるということです。この仕事ができてよかった、この仲間といてよかった、この会社にいてよかった。自分のやっていることに誇りが持て、自分自身を認めることができる。こうした効力感を組織も個人も感じられる。それが良い職場に必要な第三の要素です。

良い職場は、イキイキ感情もあたたか感情も高い

良い職場だと言われている職場の組織感情を見ていくと、イキイキ感情とあたたか感情がバランスよく高く出ています。目的意識や主体感、連帯感を生み出していくベースに、しっかりとしたお互いへの信頼感、支え合い感、認め合い感が共有されている。イキイキ感情が組織の原動力となっていくためには、あたたか感情がベースにあることが必須です。

お互いのことを支えよう、認めようという気持ちが希薄な職場では、イキイキ感情が行き過ぎたとき、その感情に押しつぶされる人、ついていけない人を生み出してしまう。そのときこそ、お互いのことを考え、支え、助け、認め合う気持ちが大切です。

同時に良い組織では、適度な緊張感や不安感は出てきます。決して、快感情だけの組織が良い組織であるわけではありません。特に変革しなければいけない段階にある組織では、こうした緊張感や不安感がなければ、このままではいけない、どうにかしなければという感情が生まれてきません。でも過度に緊張感や不安感が高まれば、ネガティブなサイ

クルに入っていきます。この境目を見極めることが必要です。

こうしたイキイキ感情、あたたか感情がバランスよく高く、さらに適度な緊張感や不安感がプラスの行動の原動力になっている組織。そのうえ、そこに自分たちの取り組みや生み出した価値への手応え、効力感を、個人も、組織全体も感じている組織。これが良い組織と言えるのではないでしょうか。

今一度、あなたの職場の感情を見てください。「仕事が面白い、職場が楽しい、会社が好きだ」。こんな良い感情が、一つでも共有されていますか？

第二章　そもそも感情って、何？

あなたの職場の感情、いかがでしたか。何となく、あなたが職場に感じていた空気というものが、どういうものか明確になってきたでしょうか。

第一章の冒頭でもお話ししましたが、組織は生物ではないので、厳密にいえば職場そのものが感情を持っているわけではありません。ただ、職場全体に広まっているとみんなが感じている共通の感情がある。これが組織感情です。

そういう意味では、組織感情は個人の感情の集まりであり、個人の感情が連鎖したものです。ですから、組織感情の正体を知るためには、個人の感情そのものを理解していくことが必要です。

そこで、本章では、そもそも感情とは何なのかを考えていきます。

最初に、感情はどのように生まれるものなのか、感情にはどのような種類があり、それぞれの感情にはどのような意味があるのか。日々自分の中で湧き出る、喜び、愛情、怒り、悲しみ、あきらめ、寂しさ……。こういった感情が、どこから湧き出てくるのか。そのメカニズムを知ることで、感情とは何なのか、その正体をまず理解していきます。

次に、感情はどうすればコントロールできるものなのかを考えていきます。感情が一番厄介なのは、自分の意思とは異なり、勝手に暴走してしまうことです。怒りが止まらない、落ち込んだ気持ちにとらわれてしまう、どんなこともネガティブに捉えてしまう。感情が自分の中でうまく扱えなくなって、気づくと自分が感情に支配されてしまう。そんなことが起きてしまいます。どうすれば、感情を適切に扱うことができるようになるのか。この問題について考えていきます。

最後に、こうした感情がなぜ連鎖してしまうのかを見ていきます。一人の感情が自分の中だけで閉じていれば、組織感情にはなっていきません。しかし、感情は人から人へと連鎖するものです。このとき、他者の感情を自分の感情のように感じてしまう「共感」という現象が起きています。これが、組織感情が生まれる原因です。この共感という現象がどういうものなのか、人と人との間で感情がどのようにやり取りされるのかを見ていきます。

1　なぜ、感情が生まれるのか

動物行動学から神経学、脳科学へ

もともと感情の研究は、哲学者などが行っていました。プラトンを始めデカルト、スピノザなども感情について語っています。二〇世紀に入ると、科学的な感情研究が始まります。

たとえば、心理学者のエクマンは、民族や社会的文化の違いによらず、普遍的に観察される表情と感情との結びつきを発見しました。高等の霊長類など他の動物にも類似の表情が見られるなど九つの基準を設定して、その基準に合う情動として、驚き、喜び、悲しみ、怒り、恐れ、嫌悪の六種類に分類したのです。

さらに動物行動学の分野でも、感情に関する研究が進みました。マクリーンは、動物の行動の分析から感情を、①探索行動に伴う欲望、②攻撃行動に対応した怒り、③保護行動に関係した恐怖、④落胆表出行動と関係した悲しみ、⑤満足表出行動と関連した喜び、⑥愛撫行動と関連した愛情、の六つに分類しています。

こうした動物行動の視点からの感情の分類は、感情は動物が生きていくため、身を守るために必要なものであり、それが行動を制御するという考え方を提起しています。

近年では心理学、動物行動学の他に、神経学の分野で感情障害が起きる原因の分析、さらに脳科学の分野では感情が脳のどこで起こるのかという視点で、感情の分析が行われています。

脳の進化の観点から、先ほどのマクリーンは三つの進化の段階と感情との関係についても言及しています。進化という切り口で見れば、脳は大きく、①原始爬虫類脳、②旧哺乳類脳、③新哺乳類脳に分けられるのだといいます。

一つ目の原始爬虫類脳である脳幹《のうかん》部分は、脳幹網様体《もうようたい》と呼ばれる脳全体の興奮状態を制御する睡眠覚醒系が存在します。つまり脳幹には、刺激を受けたときに無意識に反応して、注意や覚醒を促す機能が備わっています。何かの刺激を受けたときに、驚きが起き、同時に心拍数の上昇や冷や汗が出るなどの身体的反応も起こる。視床下部《ししょうかぶ》は身体の中の内部環境を統合的に維持するシステムや、生きていくために必要な、食べる、飲む、寝る、体温を調節するなどの行動を調整する機能を持っています。

このときに重要なのは、不要な接触をしないこと、もし問題があれば回避することです。生きていくために必要なものには接近し、そうでないものは回避する。そのために必要な感情が、快、不快というものです。

これは原始情動と呼ばれます。生きていくために必要なものは、刺激に対して無意識に快情動が生まれ、同じものを見た時に接近しようという行動を引き出す。逆に、口に入れたらものすごい味がした、不快だというようにインプットされると、同じものを見ても近づこうとしなくなる。何らかの出来事に対して、快、不快という情動が生まれ、それが接近すべきか回避すべきかの判断基準として刷り込まれていく。すべての生命体が持っているこの快、不快という情動は、すべての生命体が生きていくためになくてはならない感情だということができます。

二つ目の旧哺乳類脳は、大脳辺縁系《へんえんけい》と呼ばれる領域が大部分を占めています。先ほどの原始爬虫類脳を覆う形で、発達してきた脳です。哺乳動物が進化の段階で獲得してきた情動であり、この部位を刺激したり損傷したりすると、攻撃行動、回避行動などで異常をきたします。情動脳ともいわれ、人の基本行動をつかさどる機能がここにはあると考えられてきています。快情動から進化してきたものには、「喜び」と「愛情/受容」、不快情動から進化してきたものには、「恐れ」「怒り」「嫌悪」が生まれ、これら五種類は基本情動と呼ばれます。動物が陸に上がり、歩行し、食物を見つけ、獲得し、子どもを産み、育てる。こうした基本的な行動が生まれていく中で、まず情動という出来事に反応する力が高まっていったと考えられます。

何かを獲得してうれしい、子どもを産み、育てるために必要な愛情、回避した方が良いものには恐れや嫌悪、攻撃しなければならない対象には怒り。こうした感情が大脳辺縁系の中で拡大していったと考えられています。

人間は、快、不快という原始情動をさらに、いくつかの基本情動に広げることで、厳しい自然環境の中で生き抜いていくために必要な能力を身につけていったと言えます。

情動から感情へ

ここまで情動という言葉を明確に定義せず使ってきましたが、一般的に感情と呼んでいるものは、情動、感情の二つに大きく分けられます。実は、これが感情というものの理解を大きく飛躍させせました。

情動（emotion）は、出来事に対する反応です。急に声をかけられて驚く、真剣な目で見られてドキドキする。多くの場合は、数秒から数分単位で起こるものであり、身体的な反応も伴った、心理的反応だと定義できます。どんな人でも同じようなことをされたら反応の程度に差はあっても、同じような反応を示すもの。これまで見てきたように、人が自分の命を守る、維持するために不可欠なものです。

これに対して、感情（feeling）は情動が認知のプロセスを経ることによって自分の中で生まれたものです。つまり、起きたことに対して自分がどういう反応をしたのかを自分で認知したとき、情動は感情に変わります。何かにドキドキしたとき、それが認知のプロセスを経て、それが怖いことだったのか、それとも面白いことだったのか自分の中で意識する。この意識されたものが感情です。

この認知と感情との関係を最初に研究したのはアーノルドです。彼は、感情は刺激の知覚→認知（有益か、有害か）→感情（肯定的感情、否定的感情）の過程を経て喚起されるとし、認知の重要性を指摘しました。知覚と感情との間に、認知というプロセスが入ることで、感情が大きく変わってしまうと指摘したのです。

たとえば、あなたが同僚から手伝って欲しいと依頼されたとします。そのとき、その同僚は本当に困っているときに助けて欲しいと言う人なのか、自分がやりたくないことをいつも押し付けてくる人なのか、あなたは過去の経験や記憶から瞬時に評価をしています。その結果、頼まれたことを素直に受け止めて、協力しようとする肯定的感情が生まれるのか、逆に拒絶しないと損をするという否定的感情が生まれるのかが決まります。つまり感情とは、情動が認知というプロセスを経る中で解釈された結果、認識できる状態になったものを指します。

この感情は、マクリーンが言及する脳の進化の三つ目の新哺乳類脳、すなわち大脳新皮質が働き、引き出されます。霊長類において最も進化した部位であり、人においては脳の中で最も大きな部分です。霊長類、人類の生活の進化から生み出されたものが、感情です。だから、感情は社会的感情と定義することもあります。なぜなら、社会生活を行う上で必要な経験、記憶が、情動に大きく影響を与えるからこそ、生じるものだからです。感情の種類も内容もより多様であり、複雑になっていきます。

人間は直立歩行し、手を使い、道具をつくり、言葉を生み出した。集団で狩りをし、集団で作物をつくり、集団で生活をするようになった。ここで初めて、何かを伝える、集団の中で生きていくためのやり取りが必要になったのです。愛情が生殖や養育のためのものから、集団を維持するためのものへと進化した。周囲への思いやり、友情、隣人愛、そういったものに広がっていった。喜びは経験を通じて達成感や充実感へと進化した。さらに、個人だけでなく、喜びは集団の中でわかちあい、共有するものへと変わった。やる気という前向きな感情も引き出されるようになったのです。

不快の基本情動としての恐れ、怒り、嫌悪も、進化していった。その典型は悲しみだといわれています。死などの別れ、裏切りなどの否定は、恐れや怒りを伴いながら、そこにどうしようもない寂しさや悲しみを感じる自分を認識していく。自己認識を通じて、感情が引き出される。嫉妬や憎しみといった感情も同じです。他者が自分と違う、自分よりも恵まれているという感情が生まれ、自己認識を通じて、こういった感情が引き出されます。

情動と感情の大きな違いはここにあります。情動は出来事への素直な反応なので、その中には自分や社会と向き合うというプロセスは入ってこない。しかし、感情はその起きた出来事への反応を通じて、自分の中から引き出されるものです。

感情は、人間が社会的動物であるがゆえに、生まれてきたものなのです。

認知が感情を決める

情動と違い、感情にはこの認知というシステムが働くことで、同じ出来事なのに、人それぞれが抱く感情が変わるということが起こります。

あなたが、目の前で怒っている上司を見て、大きな声で怒るという行為自体が脅威になったり、自分を追い詰める行為だという認知をすると、「怖い」「嫌だ」「逃げたい」といった感情が生まれてきます。でも、その上司はめったに怒る人ではなく、自分がやった失敗を本気で正したくて、真剣に怒ってくれていると認知したら、「ありがたい」「心に響く」といった感情が生まれてきます。

この違いは、怒るという行為に対する見方の違いと、その上司への理解の違いから生まれてきます。

人は、このように自分の知識や経験によって積み上げられた認知のフレームというものを持っています。物事に対する見方、感覚的な判断基準です。それが瞬時に作動して、情動として受け取ったものを、感情に転換していきます。このプロセスが、同じ出来事であっても一人ひとりが違う感情を持つという現象を生むのです。

このとき、気をつけなければならないことがあります。自分自身が持っている認知のフレーム自体が、正しい情報や経験によって形成されたものなのかどうかを絶えずチェックしないと、「思い込み」や「決めつけ」ということが起こりやすくなるということです。

人は認知をする際に、最初の段階で入手した情報をタイプ別に分けようとします。「怒る人は精神的に不安定な人だ」とか、「真剣に怒れる人は、愛情深い人だ」とか、自分の中で形成された情報を分類するための軸に当てはめて、物事を解釈しようとします。これをステレオタイプ化と呼びます。ここで強い先入観・強いものの見方を持っていると、その人から得られる情報をすべて、そのタイプ分けの正当性を検証するものとして当てはめようとしてしまいます。

こういう行為をする人は、こういう人に違いない。こういう時は、こんなことをするのが当たり前だ。こういった決めつけが、その人の認知を歪《ゆが》めていきます。正しく、冷静に受け止めることができない。自分の中に、強烈なフィルターがあり、そのフィルターを通じて認知をしようとしてしまうことで、情動として受け取ったものと異なる感情が生まれてくるのです。

感情はあなたの中にある認知というシステムがつくり出したものなのです。その認知を歪めてしまうフィルターがあると、感情も歪みます。ですから自分の中で湧いてきた感情がどういった感情なのか、そう感じた原因は自分の受け止め方にあるのではないかと、自分で立ち止まり、チェックすることが必要です。

2　感情をどうコントロールするか

感情を扱うのは難しい

神経学者のダマシオは、情動は「身体」という劇場で、感情は「心」という劇場で、それぞれ演じられる。身体が硬直する、心臓がドキドキするという身体的変化として表出したプロセスが情動であり、この身体的変化を自分の脳の中で感じ取ったとき、感情を経験したことになる。こう言っています。

情動と感情は連関していますが、まったく異なる原理で動いているものです。

問題は、情動も、感情も、扱うのが難しいということです。気づくと自分の感情が止められなくなって、暴走してしまう。感情が制御できなくなる。自分の思い通りにならないことが起きてしまうと、なぜ、うまくいかないのかと苛立ち、やがて自分や周囲を責め始める。こうした負のサイクルに入り出すと、感情を止められなくなってしまうということです。

では、どうすればよいのでしょうか。ここでは、情動と感情が制御できなくなる要因とその解決の軸となるべきポイントについて見ていきます。

情動はコントロールできるのか

まずは、情動について考えてみましょう。

小さな出来事でも特定の出来事には、心や身体が過剰反応してしまう。行き過ぎてしまうと、パニック状態になってしまったり、機能停止状態になったりする。ここまで情動が大きく振れてしまう人は、社会生活をする上で、いろいろつらいことが出てきてしまいます。精神疾患を伴う場合もあるので、治療する必要があるケースもあります。

逆に、何があっても、情動が起こらない人もいます。何も感じない。心も身体も反応しない。一見、神経が図太いんだね、マイペースなんだねといわれて、動じないことは良いことだと思える。しかし、どんなときにも情動が働かないと、うれしい、怖い、嫌いという感情も適切に働きません。そうなると、自分の命を守るために必要な回避行動も起きません。これはこれで、問題です。

何かを不快だと感じ、恐れる感情や嫌う感情は、自分の身を守るために必要な感情です。何かを快だと感じ、喜びや愛情を持つ感情は、家族や身近な人たちと生きていく、生命を維持し、存続させていくために必要な感情です。こうした感情は抑え込むのではなく、むしろ、きちんと感じられるようにすることの方が大切です。

ですから情動はコントロールするというよりも、適切に働くようにすることが大切です。

ところが、どうもこの情動という、出来事（周囲の変化）に対して反応する力、出来事を感知する力自体が落ちてきているのではないかといわれています。身近に危険があっても、それを感じ取ることができない。自然や人の変化を感知する力が弱っている。だから、無意識のうちにそのリスクを放置してしまう。これは、人間にとって、すべての生物にとって危険なことです。

おそらく社会生活を行っていく上で、あまりの情報量に感情が耐えられなくなっているのでしょう。だから、自分に必要ない出来事を自分の中で受け付けないように処理していくようになる。ただ、その時に、本当は反応すべき出来事までそぎ落としてしまうぐらい、感度を落としてしまうと、社会生活において問題が出てきます。

情動は、生命維持のために必要なものです。だから、制御するよりも、適切に作動することの方が大切です。自分の感じる力が落ちていないか、意識してみてください。

感情はコントロールできるのか

では、感情はコントロールできるのでしょうか。すべきものなのでしょうか。

結論から言うと、感情は、コントロールできるし、感情が暴走してしまうときは、コントロールすべきものです。それは、暴走した感情が自分や周囲を追い込んでしまい、心や身体を壊してしまう可能性が大きいからです。

では、どうすれば感情をコントロールできるのでしょうか。それは、自分の中にある認知のフレーム、つまり自分の知識や経験の蓄積によって生み出されたものの見方を変えることです。

特に、自分の中に「こうあるべきだ」「こうしなければならない」という強いものの見方があったときに、その自分の認知のフレームに合わない行為に出くわすと、人の感情は大きく揺さぶられてしまいます。

なぜ、あの人はあんなことをするのか。間違っている。そう思うと、怒りの感情が収まらなくなる。

なぜ、こんなことができないのか。自分はダメな人間なんだ。そう思うと、自分を責め、落ち込む感情が止まらなくなる。

もし、自分の感情が暴走して、止められなくなりそうだと思ったら、自分の中にある認知のフレーム自体を変えてみることにトライしてください。「こうでなければならない」「こうあるはずだ」という自分の中にあるものの見方、決めつけを、一回緩めて、自分の許容範囲を拡大してみてください。そうすると、感情が大きく揺さぶられてしまうことから逃れることができます。

うつ病や適応障害などの精神疾患は、感情を制御するためのセロトニンという神経伝達物質が不足してしまうことで起きるといわれます。感情をコントロールすることに役立つこのセロトニンの機能回復を図る薬を服用し、心と身体の安定状態をつくり出すことが必要になります。

ですが、そこでセロトニンの機能が回復しても、自分の中にあるものの見方、捉え方が変わらなければ、同じような現象に出くわし、また感情が乱され、再発してしまう可能性があります。そこでよく行われるのが、認知行動療法と呼ばれるものです。

認知行動療法は、自分の認知のフレームを知ること。その認知が出来上がった原因を知ること、それが自分の感情に与えている影響を知ることを重視しています。この認知の仕方を変えることで、自分の感情に影響していたものの見方を適正にするとともに、行動化を困難にしていた要因を取り除いていきます。

人は社会規範や他者の影響から独立して生きていくことは難しい。だから、そうした社会規範や他者からの影響を自分の中に蓄積し、自分の中での判断基準を形成していきます。ところがそれが、起きた現象に対する受容の仕方を変えてしまう。人間関係ではそうしたことが特に起きがちです。相手への誤った認識が相手の行動を誤解する。そして、その行動に対する怒りや不安という強い感情が出てくる。

人は誤解をしやすいし、誤解されやすいもの。自分がまず、相手に対して何か偏った見方、決めつけをしていないか。それが、自分の感情に大きな影響を与えていないかどうかを絶えずチェックしていくことが必要です。

3 感情は連鎖する

感情は自分の中だけでは閉じない

情動は、適切な反応がなされる状態を保つことが必要です。そして、感情は、自分の中にある認知の仕方を適正にすることで、相手や自分を追い込んだり、誤った感情を持たないようにすることが必要です。

情動も感情も、抑え込みすぎるのも、抑えられなくなるのもよくない。適切な範囲で、日々、湧き起こっている方がよいものです。

うれしいことがあれば、素直に喜びを表現し、悲しいことがあれば涙を流し、つらいことがあれば落ち込む。それは自然なことです。感情を自分の中だけに押し込めず、感情を表すことは、自分の心と身体の健康を保つために不可欠です。

しかしもう一つ考えなければならないことがあります。実は、この感情は自分だけの中で閉じているものではないということです。自分の感情が他者の感情からも影響を受けてしまう。逆に自分の感情が他者の感情にも影響を与えてしまう。

それがさらに良い感情を引き出してくれることにもつながるし、悪い感情を引き出してしまうこともある。

感情はどのようにして、伝えられ、やり取りされ、交換されるのか。それがどのような感情を引き起こしていくのか。最後に、こうした感情の連鎖について、見ていきます。

共感とは何か

あなたは、テレビや映画を見て、思わず泣いてしまったり、感動してしまったことはありませんか。それは登場人物の感情と共鳴し、自分の中でその感情が増幅されてしまったからです。私は簡単に感情移入してしまう人間なので、しょっちゅうテレビや映画を見て泣いてしまうのですが、そんなときは、登場人物の喜び、苦しみ、悲しみ、怒りを、自分の感情のように感じています。なぜ、こんなことが起きてしまうのでしょうか。

まずは、自分の中に相手への関心があります。目の前の人に興味がなかったり、注意が向けられていなければ、その人の感情を受け取る準備はできません。そういう意味では、テレビや映画を集中して見ている状態は、その登場人物にかなり自分が強い注意を払っている状態だと言えます。

次に、他者の感情の認知がなされます。感情の種類、強さなどを認知し、その人の悲しみの深さや喜びの大きさを感じ取っていく。他者の感情を自分でラベリングして、理解するプロセスです。

そして、他者の喜び、苦しみ、悲しみを自分の中に取り込む。あたかも自分が相手と同じ体験をして、同じ状況にあるかのように感じ、自分の中に同じ感情が湧いてくる。感情移入された状態です。自分が主人公になったかのように錯覚してしまうこともあります。目の前の人の感情が自分に移ってしまったかのように思う。気づくと胸が苦しくなっていたり、涙を流している自分がいる。これが「共感」です。

人の感情が連鎖していくという現象は、他者の感情を自分の中に取り込み、自分の感情として認識するプロセスであると定義できます。楽しいという気持ちを持った人と一緒にいるうちに、自分の感情もワクワクしてきた。元気になってきた。逆に、落ち込んだ人と一緒に話をしているうちに、自分も何か暗い気持ちになってしまう。こうした現象が、共感、すなわち共に感じるということです。

なぜ、共感するのか

では、なぜ、人は共感するのでしょうか。共感というものは、人が生きていく上で、どのような意味を持っているのでしょうか。

最新の脳科学では、ミラーニューロンと呼ばれる神経細胞が注目されています。これは、自分がある行為をしているときも、他者がその行為をしているのを見ているだけのときも、同じように活性化している特殊な細胞です。鏡のように他者の行為を映すことから、ミラーニューロンと呼ばれています。

この神経細胞が、人の行為を理解したり、人の模倣をしたり、人から学んだり、人と共感する上で、効果的に機能していると言われています。

われわれ人間には、人の行為をそのまま受け取る能力が備わっているということです。人の気持ちを察する、感じる、受け入れる。人の表情やしぐさ、動き、声、雰囲気などから、その人の感情を推察することができます。笑っていれば楽しいのだろうと思うし、難しい顔をしていれば、何か悩んでいるのだろうかと思う。そうして、周囲の人たちの感情を感じ取って、声をかけたり、気を配ったりしています。

それは、他者の感情を感じ取ることが、生きていくために必要だからです。周囲に落ち込んだ人、弱くなっている人がいれば、その人が集団生活を維持していく上での弱点になってしまうかもしれない。あるいは、ネガティブな感情を持った人が影響力を持つと、自分も影響を受けてしまうかもしれない。お互いを守るため、自分を守るために、相手の感情に敏感であること。まずこれが必要です。

同時に、実際に外敵から身を守る、あるいはお互い助け合うという行動に結びつかなければなりません。ある意味、自分もリスクのある行動をとらなければ、集団を維持していくことはできない。そのとき、他者の苦しみがわかり、可哀そうだねと同情しているだけでは、なかなか行動には結びつかない。表面的な手助けはしても、集団を維持するための行動にはなりません。

だからこそ、共感が重要になります。他者の感情を自分の感情として受け取り、自分自身も同じように苦しい、つらいと感じる。これが、外敵から自分を守るための行動や人を助ける行動を起こすことにつながる。共感は、行動を起こす強力なエンジンになる。

困難なことがあっても、他者のために行動を起こす、集団のために行動を起こすことが、自分にとっても必要な行動として理解され、大きく動き出すために、共感という感情の同期化が必要なのです。

共感のリスク

ただし、共感することは良いことばかりではありません。他者の感情を自分の感情の中に取り込んでしまうことで、自分自身が思ってもみない行動をとってしまうこともあります。自分の感情が支配された状態です。

カリスマ・リーダーの演説を聞き、その人の怒り、自分と相容《あいい》れない存在への否定感情や攻撃感情を受け取ってしまう。自分たちだけが正しい存在だと考え、戦争を起こしていくことに疑いを持たず肯定してしまう。こうした事例は、歴史をたどれば無数に存在します。

経営者が利益のために顧客にとって不誠実な対応を強いていることに、最初はとまどいを感じていたとしても、周囲の人たちの社長に対する怯《おび》えた感情が連鎖していくと、自分も怖くて何も言えなくなる。

ある特定の人の感情や周囲の感情が連鎖し、自分の感情の中に取り込まれることで、周囲の行動と同調してしまう。誤っていると思っていることも、変えられない。これが共感のリスクです。どうすればよいのでしょうか。

いつでも他者の感情と距離を置いて付き合うという方法はあります。この人の本心はどこにあるのか。本当は自分を追い込もうとしていないか。時にはこんな冷静な目で、相手の感情を見極めることは必要です。特に、振り込め詐欺の手口などを見れば、弱い人たちのこの純粋な共感に付け込んでいます。ある意味、感情と対峙《たいじ》する理性を働かせ、その人の感情を客観視することが求められる社会になっています。

しかし、これをやりすぎてしまったら、人の感情を受け取り、共感する力は奪われていきます。いつも人の本心を探りながら、相手の感情を読み取ろうとする。ここには明らかに自分の認知のフレームが強く影響する。その認知の仕方が歪んでしまうと、素直に受け入れることができなくなります。

大切なのは、共感している対象が何かを絶えず意識することです。本当にそれが共感してもよい相手、対象なのか。もし、悪い共感、負の共感の連鎖に入り込んでいたら、断ち切れないか考えてみる。逆に、良い共感の連鎖になっていたら、もっと自分の感情を伝え、周囲の感情をさらに受け入れてみる。

共感には人の意識や行動に働きかける大きな力があるのです。

第三章　組織感情をマネジメントする

前章で見てきたように、人間にとって感情は生きていくために不可欠なものです。出来事に対する反応としての情動は生命を守り、生命を維持するために。そして認知のプロセスを経て生まれる感情は、よりよく生きていくために。さらにお互いの感情を交換し合う中で生まれる共感は、共に行動を起こしていく力を生み出すために必要なものです。

ところが組織の中では、「感情」という概念は正面から扱われることはほとんどありませんでした。唯一、扱われてきたのは人のモチベーション、やる気です。

やる気は行動を起こし、成果を出すために重要な概念です。だから、組織にとっては最大限引き出したい感情です。でも、やる気を損ねてしまう感情を適切に扱うことや、直接やる気につながらない感情にも意味があるということは、あまり議論されてきませんでした。

それは感情というものが、合理性、効率性を追求する組織というものには邪魔な存在だと思われてきたからです。仕事は冷静、客観的、論理的に進めるもの。だから、感情に振り回されてはいけない。仕事に感情を持ち込んではいけない。そんな考え方が、組織の中では主流、当たり前の考え方になっていったのです。

本章ではまず、経営学や組織論の中で感情という概念がどう扱われてきたのかを見ていきます。特に、感情は扱われなかったのに、なぜ、モチベーションという概念は扱われてきたのか。その背景にある組織観、人間観を見ていきながら、組織において感情を扱う意味がどこにあるかを考えていきます。

次に、改めて組織感情とは何かを確認しながら、組織感情として捉えることの意義を明確にします。

そして最後に、組織感情をマネジメントするとは、何をすることなのかを考えます。感情を適正にコントロールするように、組織感情も適切にマネジメントすることが求められます。どうすれば、組織感情を良い状態に保てるのか、変えていくことができるのか。その考え方を整理します。

1　組織における感情の位置づけ

経営学における感情の扱い

経営学、その中でも組織論に関する理論の展開を見ていくと、その背景にある人間観がどのように変化してきたのかを知ることができます。

一八八〇年代、製鉄所の技師から工場長になったテイラーが工場管理をより合理的に進めるために、科学的管理法という考え方を提唱したのが経営学の始まりです。人は怠けるものだから、ノルマを達成したものには高い賃率、達成しなかったものには低い賃率を適用する。この差別的出来高制を導入し、さらに作業の標準化や目標による管理を進めることで、人の最大限の働きを引き出そうとしたのが始まりです。ここでは、人間は常に経済合理性の高い行動をとる存在であり、それに見合う報酬を与えれば一生懸命働くものだという機械的人間観がベースになっています。

これに異論を唱えたのが、ホーソン工場実験を行ったメイヨー、レスリスバーガーらです。彼らが行ったホーソン工場における生産性と職場環境との関連の調査の中で、照明などの環境条件そのものよりも、実験されているという心理、仲間意識、非公式な人間関係がより生産性に影響を与えていたという事実が大きな発見になりました。人は機械ではない。感情がある。その感情が共有されたとき、人は合理性を超えて力を出す。これが人間関係論の始まりです。そして、ここから人のモチベーションに関する研究が始まりました。

モチベーション研究の中心は、やる気を引き出すには何に働きかければよいかというものです。やる気の源泉は何か。どうやって動機づけるか。こういった議論です。

こうした二つの大きな議論を経て、組織およびマネジメントに関して体系的な議論を行ったのが、バーナードやサイモンを中心とした近代組織論でした。

バーナードは、「組織は二人以上の人々からなる意図的に調整された行為のシステム」であると定義しました。「一人ではできないことを、力を合わせて成し遂げるための仕組み」と言い換えることもできます。そして、組織として成り立つには、①共通目的、②協働意欲、③コミュニケーションの三つの要素が必要だと述べています。すなわち、何のために集まっているのかが共有され、お互いに一緒に働く意欲があり、お互いが関わり合い、伝え合うことで何かを生み出していくもの。これが「組織」です。

こう考えると、実は形式的には組織という体をなしていても、何のために集まっているのかわからず、一緒に働く意欲が持てず、コミュニケーションが成り立っていない組織は、厳密にいえば組織とは言えません。

同時にこの定義の中に、感情という概念が取り込まれていることもわかります。目的や目標への共感、一緒に働こうという意欲、さらにここでいうコミュニケーションには情報や行為の交換だけでなく、思いや感情の交換も含まれます。組織が成り立つためには、感情が引き出され、交換され、共有されることが必要です。

ただ、彼らが前提にしていたのは、人間は認知能力に限界があるため完全な情報をもとに最適な行動を起こすことはできない、制限された合理性の中で満足化行動をとる存在だという人間観です。完全に合理的な存在ではないが、自分が認識できる世界の中でより良いものを合理的に選んで、行動を起こしていく。こういった人間観が前提にありました。

これ以降のさまざまな組織やマネジメントをめぐる議論においてもこの人間観がベースにあります。私の大学院時代の師匠である野中郁次郎先生は、情報を合理的に処理する人間観ではなく、自ら環境に働きかけ、創造する人間観を前提に、知識創造理論を構築しました。そこには、理性を超えた、知恵や思いというものが人を動かしていくという考え方がベースにあります。人間の能動的かつ感情的側面をより明確に持った人間観がその根底にあります。

こうして見てくると、経営学や組織論の中で、感情というものが決して無視されてきたわけではないことがわかります。しかし、感情という言葉そのものが正面から扱われることは、ほとんどありませんでした。

組織で扱う感情は、モチベーションだけでよいのか

経営学や組織論の中で、感情に関わる言葉で一番使われてきたのは、モチベーション（やる気、意欲）といった言葉です。そして多くの場合、モチベーションを高める、動機づけるという文脈で使われてきました。

なぜ、それ以外の感情が正面から扱われてこなかったのか。それは、経営学があくまで組織成果を高めることに主眼を置いてきたからです。組織成果を高めるために、個々人がいかに生産性を上げて働くか。それ以外の感情は、生産性や成果にそれほど効いてこないし、逆に邪魔になるものもある。組織が成果を出すためには、なによりも個々人のモチベーションを引き出すことが重要だと考えてきたからです。

だから、「モチベーションを引き出す源泉としての感情」に焦点が当たってきました。高い目標や志、夢はモチベーションを引き出す。適度な緊張感や不安感は、現状を変えようというモチベーションを高める。お互いの良好な関係が、モチベーションを引き出す。

確かに、いくつかの感情はモチベーションにつながります。でも、組織の中には他にもさまざまな感情があります。たとえば組織の中で、思いやりという感情は必要ないのでしょうか。お互いに助け合おう、補い合おうという感情は必要ないのでしょうか。この仲間と働けてよかったという安心感、やすらぎの感情は必要ないのでしょうか。

逆に、お互いを追い詰めてしまう負の感情が広がっていたら、その感情をどう取り除けばよいのでしょうか。モチベーションを引き出せば、怒りや嫉妬、不信感、停滞感、あきらめ感、といった感情はなくなるのでしょうか。

第一章の組織感情の分析でも見てきたように、組織の中には実に多様な感情が広がっています。その感情が一人ひとりの意識や行動に影響を与え、それが組織全体のパフォーマンスにも影響する。働きかけ、引き出し、コントロールしなければならない感情は他にもあります。組織のために必要な感情だけを対象にするのではなく、人の感情そのものを働きかける対象にしなければ、実は最適な行動を喚起することにはつながりません。

感情には、行動を喚起する力があります。それぞれの感情がどういった行動を喚起するのかをしっかりと理解し、必要な感情を必要なタイミングで引き出し、共有していくことが求められます。

組織が成果を出す上で、確かにモチベーションを高めることは必要です。でも、組織の中にはさまざまな感情があります。その中には、より高めることが必要な感情もあるし、抑え込んだり、コントロールすることが必要な感情もある。組織は、こうした感情を自分たちでマネジメントする対象として、明確に位置づける必要があるのです。

組織の中で感情を扱う意味

第二章で見てきたように、「情動」は人が生命を保持するために、「感情」は社会の中でよりよく生きていくために、人間が進化の過程で身につけてきた能力です。一つひとつの感情には、生存につながる重要な意味が隠されています。

喜びの感情は、人に前向きに生きていく力を与えてくれます。何かを獲得することで得られる「うれしい」という感情は、その獲得行動をさらに持続、促進させることにつながります。

愛情、受容という感情は、相手を受け入れること、いつくしむこと、相手の命を大切だと思うことで、相手を守ろうとする行動を引き出してくれます。子どもを守り、家族を守るために、愛情は不可欠です。

怒りという感情も、大きな敵から自分たちを守るために必要です。時に自分たちを苦しめ、不条理な要求をしてくる人たちと向き合わなければならない。このとき、怒りという感情は大きな敵に立ち向かう行動を引き出してくれます。

恐れという感情は、自分たちを追い詰めるかもしれないものから逃げるために必要です。命を守るためには、時に撤退する勇気も必要です。それを感じ取り、距離を置き、観察し、退く行動を起こさせるためには、恐れという感情が重要な役割を果たします。

それぞれの感情にはこうした、命につながる重要な意味が隠されています。これは組織にとっても同じなのではないでしょうか。

組織にとって喜びの共有は、自分たちの取り組みや成果を肯定し、自分たちがやっている ことに自信を与えてくれるとともに、その先にある新たなチャレンジへの意欲を引き出してくれます。

愛情の共有は、組織にとっても大切です。お互いを受け入れ、いつくしむことで、初めてお互いが協力し合える関係になる。組織に属する人たちを仲間と思い、守ろうとする気持ちが共有できなければ、組織の中で孤立し、追い込まれ、壊れてしまう人を増やしてしまいます。

怒りの共有も、組織全体が大きな壁にぶつかった時には必要です。ビジネスの世界にも不条理なことはたくさんあります。この不条理を超えていくためには、みんながその状況に憤りを感じること、これが、大きなエネルギーになります。

恐れの共有も、同じです。組織全体が過剰に反応して、萎縮してはいけませんが、リスクを感じ、それを回避するための組織的な行動をとっていくためには必要です。

組織は、一人ではできないことを成し遂げるためにつくり出されたシステムです。お互いが力を出し合うことで、一人ひとりの行動の総和レベルを超えた大きな力を生み出す仕組みです。この時に感情というものが大きな役割を果たす。

時に組織を守るため、時に組織全体が勇気を持って踏み出していくために、組織の中に広がる感情が重要な役割を果たしています。

組織にとって感情を広く扱うことは、当然のことなのではないでしょうか。

2　マネジメントの方法

組織感情を適正範囲内にコントロールする

組織感情とは、組織全体に共有され、広まった感情です。ただ、組織感情という誰でも眼に見える何かが存在しているわけではありません。その組織に属するメンバーの多くが、同じような感情を持っている、あるいはそういう感情を持っている人が多いと感じている場合に、組織感情というものがあたかも存在しているかのように感じられます。

組織の大半のメンバーが同じ感情を自分も含め持っているし、組織全体に広がっていると感じていれば、それは「共感の連鎖」が起きていることを意味しています。相手の感情を自分の中に取り込み、自分の感情のように感じていくことで、感情の連鎖が起きている状態です。

最初は一人の強い感情から連鎖が生まれることもあります。一人の何かを成し遂げたいという強い思いが連鎖して、みんなの思いになっていることはあります。夢の共有や、ビジョンに共鳴しているのもこれと同じことです。誰かの感情が自分の感情のように感じられ、それが意志や思いを持つようになる。

逆に一人の強い怒りが周囲に不快感を広めてしまうこともあります。周囲がそうした怒りに対して、嫌悪感を持ち始める。さらに気づくと、一人ひとりがその状況に不安や停滞感を感じ、お互いが関わろうとする気持ちを失っていく。一人の感情が、他の感情を生み出し、それが組織全体に広まっていきます。

問題は、この組織感情というものが、一人ひとりの意識と行動に影響を与えることです。自分では前向きだと思っている人間も、ネガティブな感情に囲まれると、自分から行動を起こせなくなる。気づくと自分も同じようにネガティブな感情を表現するようになっている。これが組織感情の扱いを難しくしてしまう要因です。だからこそ、組織感情を適切にコントロールすることが必要になってきます。

では、組織感情を適切にコントロールするために、何から手をつけたらよいのでしょうか。まずやらなければならないのは、今、どのような組織感情が分布しているのかを客観視することです。その中で、過度に突出した組織感情がないか、それが一人ひとりの意識や行動に影響を与えていないかを確認していくことが必要です。

図1（18ページ）の組織感情マップを改めて見てください。円の中心にある四つの感情、「高揚感」「安心感」「緊張感」「不安感」は、実は情動に近いものです。何かの出来事に

反応して表れる感情です。

業績が上がったり、夢のあるビジョンが示されれば、高揚感は引き出されます。一人ひとりのことを考え、雇用を守ることを最優先するというメッセージが出れば、安心感が出てくる。仕事のプレッシャーが強ければ、緊張感は高まるし、業績が悪化すれば不安感は高まる。これらは素直な反応なので、意図的にコントロールすべきものではない。コントロールできるとしたら、出来事そのものを変えることです。

緊張感が適度に共有されることは必要ですが、多くの人たちが強い緊張感を強いられていれば、その感情はやがて苛立ち感、不信感へと変わっていきます。このときに、緊張するなと言って緊張感が減るわけではない。まずは強い緊張感を生み出している元となるストレッサー（ストレスをかけている要因）を適切に把握することが必要です。

緊張感を感情ではなく、情動として捉えるなら、むしろ出来事をコントロールする、つまりその緊張感を生み出している要因を減らしたり、改善するしかない。毎日のように朝礼で業績を詰められ、「こんなレベルで恥ずかしくないのか、お前は給料泥棒か、とにかく売ってこい」というようなやり取りをされれば、どんな人でも過度な緊張感を感じる。もしそれが人の心と身体を壊すものであれば、その緊張感を生み出している出来事そのものを変えることが必要です。

当然、受け止める側の認知の問題もあります。ですが、「高揚感」「安心感」「緊張感」「不安感」については、その感情を起こす出来事自体が適切な頻度で、適切に与えられているのかどうかをまずチェックしてみてください。

では、その外側にある感情はどうコントロールすればよいのでしょうか。あたたか感情でいえば、「支え合い感」「認め合い感」。イキイキ感情でいえば、「主体感」「連帯感」。ギスギス感情でいえば、「苛立ち感」「不信感」。冷え冷え感情でいえば、「沈滞感」「あきらめ感」です。

これは情動ではなく、何らかの認知を通して解釈された感情であると考えてください。もし何らかの否定的な感情が共有されていたら、認知のプロセスで何らかのネガティブなフィルターが掛かっていないか、確認してください。みんなが主体感を持てない、連帯感を持てないのは、主体的にやっても損になる、抱える人ほどばかを見る、一緒にやろうと協力しても、他の人は自分の成果しか考えていない、だから、連帯感を持って目標を達成するために協力するなんて、ばからしい——そんなフィルターが掛かっていないかを見てください。

イライラとした感情が強く出ていたら、その対象とそうした感情を抱いてしまった原因を特定してみてください。その背景に、何かイライラとした感情を生んでしまう体験がないか。それが認知のプロセスの中で、過剰な感情喚起につながっていないかを見極めることが必要です。

また、本来であれば共有されるべき感情が共有できない、あるいは逆に、ある感情だけが突出している。そういうときも、その原因を探ってみてください。

そのとき、個人への批判や会社への批判などがよく出てきます。しかし、ここでも気をつけてください。それが批判されている本人の問題なのか、そうした見方をしてしまうメンバーの側にも問題がないか。

確かに上司や経営者、あるいは会社そのものに問題があるケースも多くあります。ただ、そうした上司や経営者の振る舞い、会社の行動に感情が揺さぶられてしまう、メンバーの中にある認知のフレーム、その背景にある体験まで掘り下げていかなければ、実は根幹の部分は変えられません。

特に、不快感情が強く出ている場合は、そうした不快感情を感じてしまう側の認知のフレームがどうなっているかを分析してみてください。

第二章でも説明したように、感情は受け止める側の認知の仕方によって、大きく変わるものです。組織全体で同じように感じているとすると、それは組織全体が同じような認知のフレームを共有しているということです。それが何かを理解することが大切です。

組織感情を意図的にマネジメントする

感情をコントロールするのは、感情が暴走したり、制御できなくなることで、心や身体に大きな負荷をかけないためです。時に心や身体を壊し、人を壊してしまうからです。だから、まずは異常な感情が組織全体に広まっていないかどうかをみることが第一歩になります。

しかしそれだけでは、組織感情を適切に扱っていることにはなりません。組織感情を適切に扱うとは、自分たちで必要な組織感情を意図的に引き出していくことです。

そのために、組織感情をマネジメントするわけです。つまり、適切な感情が組織の中で共有され、それが良い連鎖を生んでいること。この状態をつくり出すのです。

だとすると、なすべきことは、今どんな感情が組織にとって必要なのかを見極めることです。必要な感情の連鎖が起きていない時、それをいかに起こしていくのか。それを考え、実践することです。

具体的には、次の取り組みを順に行っていくことが必要です。

① 引き出したい、共有したい組織感情の分布をイメージする

②組織感情を把握し、分析する
③突出した気になる組織感情があれば、その原因を特定する
④もし組織感情を歪めている何らかのフィルターが掛かっていれば、それを取り除くための方法を検討する
⑤現状と理想とのギャップを踏まえて、適切な感情を引き出す、共有する仕掛けを検討し、実施する

大切なのは、自分たちの中で広まっている感情が何かを客観視するとともに、理想とする組織感情の分布と比較して、何が足りないのか、どういった感情の共有が必要なのかを、みんなで見つけ出すことです。

どのような組織感情を引き出したいのか

では、具体的にそれぞれの組織はどうやって、今引き出したい、共有したい感情を明らかにすればよいのでしょうか。

まずは、どんな組織にしたいかを定義することから始めてください。第一章でも述べたように、良い会社、良い職場、良いチームのイメージを言葉や絵で定義してみる。具体的

なイメージをみんなで議論して、共有してみる。そのチームは、どのような感情で満たされているのかを考えてみる。

たとえば、夢や目標に共鳴し、その達成に向けて一人ひとりが力を出し切る職場にしたいと思えば、まずは高揚感が必要です。ワクワクする気持ちを引き出すこと、それを伝え合うこと。さらに、一人ひとりがその実現に向けて主体的に行動を起こしていくこと、主体感が引き出されることが必要です。そして一人ひとりが力を出し合った時に、認め合える関係が必要になる。高揚感、主体感、認め合い感を高めていくことを考えてみる。

あるいは、お互いに知恵を出し合い、学び合い、育て合うことを大切にする職場にしたいと思えば、まずはお互いを信頼し、自分の情報やノウハウを提供できる安心感を共有することが必要です。その上で、支え合い感、連帯感を高め、お互いに協力し合うこと、共通の目標に向けて全員で成し遂げることへの感情を共有できるようにしたい。

目指す職場のイメージを共有することで、自分たちの組織の中に必要な組織感情もイメージできます。そのイメージをもとに、お互いがどのような関係になり、どのようなやり取りをするのかを具体化していくことが、組織を自分たちの手でマネジメントする第一歩になります。

組織感情をマネジメントするのは、誰なのか。それはまぎれもなく、その組織に所属しているメンバー自身です。だからこそ、まずは自分たちで、どのような感情を共有する組織にしたいかを考え、イメージを共有し、具体的な取り組みを設計していくことが必要なのです。

組織の成長に応じた共有したい組織感情

ただ、実際には組織というものがそのメンバーの手から離れて、迷走しているケースもあります。自分たちがどこに向かえばよいかわからず、負の感情の連鎖が止まらない、あるいは経営の期待とは異なる方向に組織の運営が向かっている場合です。このときは、自分たちの組織を客観的に捉えて、共有したい感情は何かを考えることが必要になります。

その手助けになるのが、組織の成長フェーズという考え方です。

事業と同様に、組織にも成長フェーズがある。立ち上げ期、成長期、成熟期、変革期の大きく四つのフェーズに分けられます。このそれぞれのフェーズに応じて、引き出し、共有したい感情があります。

まず、立ち上げ期では、組織はまだ十分な役割分担も、十分な人員も確保できていません。やりたいこと、夢、ビジョンのもとに集まった、あるいは集められたメンバーが、その存続をかけて前に進まなければならないフェーズです。このときに重要なのは、やはりイキイキ感情です。特に、高揚感が重要な役割を果たします。自分たちがやろうとしていることにワクワクする、期待できる、夢を感じる。それが、一人ひとりのがんばりを引き出します。

同時に、この時期には緊張感や不安感があるのは仕方がないし、むしろ適度に緊張感、不安感を共有している方が、より前向きな感情を引き出すことにつながる。成功するために「いつまでに、何を、どこまでやるべきか」をみんなで共有していかなければなりません。従来のやり方を踏襲しているだけではできないことも多い。このときに大切なのは、それをやり抜き実現することに大きな意味、意義を感じられるかどうか、そこに自分の思いを重ねられるかどうかです。

役割は未分化で、お互いの仕事の調整や分担が混乱して、時にうまくいかないケースもあります。そのために、ベースとしてお互いがお互いをよく知ることで、安心感を共有することも必要です。しかし、この段階で、お互いを支え合い、認め合う気持ちを強く持たなければならないかというとそうでもない。むしろ、経験を重ね、共有していく中で自然とお互いの中に共感が生まれてくる。そのために、まずはいい仲間が集まったんだ、変な人はいないないなという安心感をつくることに徹してください。

この立ち上げ期を経て、成長期に入った組織は、役割の分化が進み、組織の階層も必要になってきます。人が増えていく中で、お互いの仕事が細分化され、専門化されていく。

こうなると何が起きるのか。まずは、夢のためにがむしゃらにやってきた人たちの中には、しっかりした企業になることに抵抗感を持つ人が出てきます。ここで、強い主体感で組織を引っ張ってきた人たちが、組織全体の連帯感を共有し、同じ目標に向けてみんなで力を出して達成したいという感情に切り替わっていかないと、組織から離れていく人も出てきます。一人ひとりが自律的に、自由に発想して、やるべきことをやるというフェーズから、全体の動きを考え、お互いが協力し合って、成し遂げていくこと——ここに向けた感情を引き出していくことが求められます。

同時に、人が増え、しかも仕事が細分化していく中で、お互いのことがわからない、見えない状況が生まれてきます。だからこそ、お互いを知るということに加えて、お互いが助け合い、協力し合おうという支え合い感、そして見えないからこそお互いの仕事を知り、お互いの仕事を認め合う感情を共有していくことが必要になってきます。あたたか感情の醸成です。

大きな捉え方をすれば、立ち上げ期にはイキイキ感情を共有することが重要であるし、成長期ではあたたか感情を共有することが重要になります。

では、成熟期になると何が起こるのでしょうか。仕事のやり方が安定し、役割の分化も固定される。ある程度、日々の仕事をこなしていけば特に問題は生じない。しかし、新しいものが生まれてこない。気づくと、イキイキ感情が影を潜め、一見、あたたか感情に満たされた組織のように見えるが、どうもお互いが依存し合い、現状に対する危機感も、不安感も共有できない。そんな状態になっています。

行き過ぎてしまうと、ぬるま湯感情が組織全体を覆ってしまう。誰かがやってくれる、このままでもいいという感情が支配的になり、誰も自分の業務範囲を超えた仕事に手を出さなくなってしまう。

こうした組織では、やはりイキイキ感情、その中でも特に主体感をいかに再生するかが大きなテーマになります。自分たちの役割を再確認し、自分たちは誰に、何を提供して、どう喜んでもらう存在になる必要があるのか。そのために何をすべきなのか、何をしたいのか。そこに、主体的に関わり、チャレンジしていく意欲を引き出していかなければなりません。同時に適度な緊張感も必要になってきます。自分たちの組織の存続、位置づけに安心感を持っていては、前に出る必然性を感じない。適度に自分たちを追い込む感情の共有はしなければなりません。

こうした成熟期を経て変革期に突入すると、ここではネガティブな感情が蔓延し始めます。自分たちの部署は必要ないから潰される、外に売却されるかもしれない、自分はやめさせられるかもしれない。そんな不安感が、沈滞感、あきらめ感へと拡大し、目の前の仕事をやる気力さえ奪ってしまうかもしれない。あるいは逆に、こんな状況になるまで放っておいた経営の問題だ、上司の問題だといって、苛立ち感や不信感へと転化し、攻撃的な感情が蔓延してしまうかもしれません。

多少の軋轢《あつれき》が生まれるのは当然です。しかし、それを逆に自分たちの存続や次の成長へのエネルギーに転換できなければ、組織の崩壊を早めるだけになります。変革期こそ、新たな可能性が広がるときでもあります。そこで、共倒れにならないためにお互いの信頼感を醸成したり、新しいチャレンジをしたり、できることをきちんとやろうとする前向きな気持ちをいかに引き出せるか。これが、変革期を乗り切れるかどうかを決定づけます。

職場は自分たちで守る、育てる

組織は変化します。メンバーが入れ替わり、組織に求められる機能も変わっていきます。その中で、組織はさまざまな出来事に遭遇し、さまざまな感情が行き交う。組織というものが独り歩きし、気づくと今までの組織とは異なる感情に覆いつくされてしまうこともある。組織感情はそれだけ、状況の変化に影響を受けやすいものです。

だからこそ、組織感情を短いスパンで確認していく。感情が固定化し、気分に変わるといわれる数ヵ月という頻度で、組織感情の変化を見ていく方が良い。これまで後ろ向きで、不安に駆られていた職場でも、大きな成功をきっかけに自信を取り戻し、前向きな感情が引き出されることもあります。

逆に急激な経済環境の悪化、業績低迷、リストラの嵐が進むと、いくら前向きな気持ちを持っている人でも、不安な感情に襲われてしまいます。もしかしたら、次は自分の番かもしれないという感情を持ち始めたら、その感情は連鎖していきます。

だからこそ、組織感情は自分たちで絶えずチェックし、変化が起きたら自分たち自身で修正を図ることが必要になる。組織は誰のものでもない。そこに関わるすべての人たちのものです。自分たちがイキイキと、前向きに働ける状況をつくり出すのは、そこに関わるすべての人たちにできることです。

ぜひ、自分たちの力で今必要な感情を定義して、その感情の共有と連鎖を起こしてください。それが、自分たちの組織を守ること、育てることにつながるのですから。

第四章　組織感情を引き出し、共有する方法

本章では、組織にとって、組織メンバーにとって必要な感情をどのように引き出し、共有していくのか、その基本的な考え方と方法論について見ていきます。

この本の「はじめに」でも書きましたが、『不機嫌な職場』を読んで多くの人は、今起きていることがわかった、自分からでも一歩踏み出せることがあることに気づいた、そんな感想を持たれたようです。「おはよう」でも、「ありがとう」でも、まずは自分から良い感情を伝えてみることが一番大切なことなのだと思います。

でも一方で、こうした不機嫌な職場を生み出した責任は会社にある、上司が悪い、彼らが変わらなければ何も変えられない、そんな感想を持った方も、かなりいました。確かに、不機嫌な職場という現象は、個人の問題ではなく、組織の問題であり、広く捉えれば社会の問題です。ですから、一人で孤軍奮闘して、職場を変えようと思ってもなかなか変えられない。でも、逆に経営者や上司がこれまでのマネジメントを変えたい、良い職場にしたいと言っただけで、みんなが前向きな気持ちになり、行動を変えていくかというとそう簡単なものでもありません。

その職場に関わっている人すべてが、状況を変えたいという気持ちを共有し、お互いを知り、感情を伝え合い、共感し合うというプロセスを経なければ、不機嫌な職場を変えていくことにはつながりません。

やはり、自分たちの職場を良くするのは、自分たち自身なんだという考え方を共有すること、これが大事です。同時に、こうした感情を持てるようにする、実際にお互いが知恵を出し合い、助け合い、協力し合い、良い組織づくりのために動き出す。そんな意識や行動を引き出し合う、ちょっとした仕掛けが必要です。

そこで、本章では、実際にいろいろな会社で実施してきた、組織感情を引き出し、共有するための仕掛け、方法を一緒に見ていきます。

ここで気をつけていただきたいのは、単にこれは面白そうだからやってみようとか、やれそうだからといって、その方法論だけをただ持ち込もうとはしないでいただきたいということです。

確かに難しく考えず、何でもやってみる、とりあえず飲み会をやってみよう、とりあえずみんなで職場の改善提案を話し合ってみようと言って始めてみることは、決して悪いことではありません。でも、その意図や背景にある考え方を理解しないで、ただ闇雲《やみくも》に人を集めたり、話し合いをしても、うまくいきません。ベースの信頼関係がない中では、また何か裏があるに違いないと勘繰られてしまったり、結局は何をしても無駄でしょうと言って、傍観者の集まりになってしまうこともあります。やはり、そこに明確な意図が必要です。

それは何か。内容ではなく、どんな感情を共有したいかです。お互いの中で、どのような感情のやり取り、交換が必要で、どのような感情を共有することが必要なのか。これをしっかり決めて、その感情を引き出すために効果的なアプローチをとることが必要です。

いまから、その方法論を紹介していきます。あなたも、どうすればそういった感情を共有できるのか、ぜひ、一緒に考えながら読んでみてください。もっといい方法があるよということなら、教えてください。みんなで共有していきましょう。

1　イキイキ感情を共有したい

最初に考えていきたいのは、「イキイキ感情」の共有です。

イキイキ感情には、仕事が面白い、職場が楽しい、会社が好きだといった、高揚感や期待感、もっと柔らかい言い方をすればワクワク感というもの――そうした前向きな感情が持てるからこそ、自分から一歩踏み出していこうという主体感、さらに、組織全体で一つの目指す姿に向けて一致団結していこうという連帯感、一体感という感情が生まれてきます。

では、それぞれの感情ごとに、どうすればそうした感情を引き出し、共有できるようになるのかを考えていきましょう。

① 高揚感　ワクワクする気持ち

あなたは、会社に行くのが楽しみですかと聞かれて、どう答えますか。正直な話、日曜日の「サザエさん」を見終わるあたりから、明日の仕事のことが気になりはじめて、夜になるとどこかピリピリしてきたり、寝付けなかったり。月曜日の朝の電車は、本当に気が重い。そんな人もかなりいるのではないでしょうか。

一番難しいけれども、一番大切な感情。それは、ワクワクするという気持ちではないかと思います。

遠足の前の日のように、明日会社に行くのが楽しみだ、ワクワクする。そこまでいかなくても、少なくとも月曜日の朝、気持ちよく起きられる。一週間がんばるぞという気持ちになれる。そんな感情が持てれば、仕事生活は自分にとって非常に楽しく、楽になるはずです。

このワクワクする気持ちが、高揚感や期待感というものです。

では、どうすれば、このワクワクする気持ちを持てるようになるのでしょうか。しかも、どうすれば職場全体がワクワク感に包まれるようになるでしょうか。

一つは、仕事が面白いと素直に思えるかどうかです。面白いと思えるには、仕事自体に魅力を感じるか、もしくは仕事をするという行為自体に面白さを見出すことが必要です。その仕事の意味や意義を実感し、その仕事を通じて得られる達成感や顧客から感謝される喜びが、その仕事の魅力を高めていきます。この人はすごい、この人のようになりたいという目標となる人が現れれば、同様にその仕事をすることへの魅力が高まります。

また、仕事自体の意義や意味を問われると正直魅力的だと思えなくとも、そのプロセスの中で仕事の面白さを発見できることも大切です。ちょっとした作業でも、少しの工夫をすれば短時間でできるようになった。資料の整理の仕方を工夫したら、業務間でのすり合わせがスムーズにできるようになった。そんなちょっとした効率化や工夫をしていく中で、小さな達成感や充実感、さらには他者からのフィードバックを通じた喜びという感情が、仕事への面白さをつくり出し、ワクワク感を引き出してくれます。

「職場が楽しい」という感情も、ワクワク感を引き出してくれます。素直に、職場の人たちがいい人たちばかりで、和気あいあいとしていて。でも仕事モードになるとみんなが真剣で、活気があって。そんな魅力的な職場で働いていれば、素直に会社に行きたいと思えますよね。自分が元気になれる。そんな職場は、仕事の魅力や会社の魅力が足りないと思っていても、彼らがいるからがんばろう、そんな気持ちにさせてくれます。

逆に楽しくない職場で働いていたら、いくら仕事や会社が魅力的であっても、どこかで苦しくなっていきます。日々のワクワク感にとって、職場が大きな意味を持っていることはあなたも実感されていることだと思います。

会社のビジョン、ワクワクしますか

仕事も職場も楽しかったら、ワクワクします。でも、それ以上に大きなワクワク感を引き出してくれるものがあります。それは、将来に対する期待感、夢、ビジョンです。

会社の将来に期待ができる、自分たちがやっていること、これからやろうとしていることにワクワクする。こんな気持ちは、どうすれば持てるようになるのでしょうか。

よく言われるのは、トップが会社のビジョンを示せということです。会社の将来の目指す姿を具体的に示して、それに社員が共鳴して、その達成にワクワクする。そうした状態をつくれということです。

確かに良い会社には、社員を引き付けるビジョンがあります。その言葉や背景にある経営者の思い、さらにその先に見える事業の姿や企業の姿を思い浮かべただけで、夢や志を感じて、自分はこの会社の将来にコミットしたい、そう思えるものもあります。それは何も、独自性の高いキーワードでないといけないわけではないし、逆にどこでも使っている言葉を安易に持ってきただけでもいけない。大切なのは、そこに思いが詰まっているかどうかです。

『不機嫌な職場』の中でも紹介したサイバーエージェントは、自分たちのビジョンとして「21世紀を代表する会社を創る」という言葉を掲げています。あまりに漠然としているし、21世紀を代表する会社ってなんですかということを明確に示していないので、実現したい姿は人それぞれ異なるかもしれません。でも、その背景にある思いは、21世紀を代表する会社だと誇れる会社をみんなの手でつくろう、そういう思いを持った人たちが集まる会社でありたいということです。

同じように、「いい会社をつくりましょう　～たくましく　そして　やさしく～」という社是を掲げている会社があります。寒天の製造・開発企業である長野県にある伊那食品工業という会社です。

企業の本当の目的は、その会社に関わる人を幸せにすることである。企業の成長も目的ではなく、手段にすぎない。意味なくいたずらに規模拡大を追求したり、不況時に無理なリストラをすることがないような経営をしたい。小さくても常に輝きながら永続する会社でありたい。この会社を取り巻くすべての人たちが、この会社はいい会社だねって言ってくれるような、社員自身がこの会社に所属する幸せをかみしめられるようなそんな会社にしたい。こんな思いが、「いい会社をつくりましょう」という社是に込められています。

人の心に響くビジョンには、こうした社会に対する、会社そのもののあり方に対する思いが詰まっています。その思いに社員がどれだけ共感できるか、その思いを自分の思いと重ね合わせることができるか。それが一番大切です。

ビジョンを通じて、自分の将来が見える

私が所属しているジェイフィールでは、会社の中で起きていることを演劇にしたり、役者の方が受けるトレーニングを応用して、思いや感情を素直に伝えられるようになるための感情表出トレーニングを実施しています。このときにパートナーとしてお手伝いいただいているのが、三宅裕司さん率いる劇団スーパーエキセントリックシアター（SET）です。

SETを三宅裕司さんが立ち上げようと思ったときの話です。彼は仲間を集めて、「ミュージカル・アクション・コメディ」という三つの要素をすべて実現する新しい劇団をつくりたいとみんなに話したそうです。当時、ミュージカル、アクション、コメディそれぞれを得意とする劇団はあったのですが、すべてを兼ね備えた劇団はなく、集まった仲間た

ちには斬新なものに感じられたそうです。

もともとコメディはできる人たちです。だったらまずは、ミュージカルの基礎であるボーカルトレーニング、クラシックバレエ、ジャズダンスなどのトレーニングをする。アクションは、指導を受けて、遊園地やデパートの屋上で行うヒーローショーに出て、どうすれば迫力あるアクションができるか、みんなで実践しながら身につけていったそうです。

同時に、三宅さんは、三つの約束を仲間たちとしたそうです。「給料制にする」「けいこ場をつくる」「一〇〇〇人のお客さんを集める」。みんなが生活に不安を感じなくてすむように、給料制にしよう。毎月、ちゃんと給料が支払えるようになろう。みんながいつでも集まって練習できる場をつくるよ。そして一〇〇〇人の集客ができる、そんな劇団になろう。

こんなメッセージを出したそうです。ものすごく、具体的だと思いませんか。

ミュージカル・アクション・コメディという言葉から、自分たちが何をすればいいのかが見えてくる。同時に、三つの約束からどんな劇団になっていくのかが見えてくる。これがビジョンなんだと思います。

大切なことは、その言葉を聞いたときに、その実現したい姿がイメージできるか、そこに自分自身がコミットしたいと思うかどうかです。自分の将来のイキイキとした姿が見えてくるかどうかです。そういったビジョンを示すこと、共有することが大切です。

自分の心の中にある思いに気づく

ビジョンは、将来のイメージをつくり出すものです。それは経営者だけが示すものではありません。一緒に働く仲間たちと共有すべきものであり、職場単位で持つべきものです。

自分たちは、どんな存在になるのか。誰に何を提供して、どう喜んでもらえる存在になるのか。そのとき、自分たちはどんな意識を持ってどんな働き方をする人たちになっているのか。お互いがどんな関係で、どんなことを大切にして、どんなことを生み出す集団になっていくのか。それを具体的なイメージで伝えるということが、ビジョンを示すということです。

そういう意味では、ビジョンを描くことはそう簡単なことではありません。かっこいい言葉をいくら並べても、その中にこうあったらみんなが元気になれる、自分もイキイキできる、だから、こんな世界を実現したい、そういう思いがなければ、共鳴、共感の連鎖は起きません。

私たちジェイフィールでは、ビジョンを語るリーダーづくり研修というものをやっています。共感されるビジョンを描き、語れるようになろうということで、リーダー層が対象ではあるのですが、そうした人たちのビジョンづくり力、ビジョン語り力の開発を支援しています。

そこでは、まず本当に心に響くスピーチ映像を見ていただくことから始めます。話し方が上手だとか、内容が良いとかではなく、その背景にある思いの強さ、その裏にある自分の経験や周りの人たちの経験。そうしたものがいかに、言葉の力強さを生み出しているかを実感し合うことから始めます。

その上で、自分の思い探しを行います。自分の人生の天気図を書いてもらい、自分自身が土砂降りの雨の中で苦しんでいたとき、そこから回復してきたとき、そして自分が一番晴れ晴れしい気持ちで輝いていたとき――こうした一番つらかった時期、一番イキイキしていた時期のそれぞれに共通したものは何かを探していきます。

つらいと感じたのは、どんなときか。自分が最後までやりきれなかったとき、自分の力が足りないと実感したとき、自分が認められなかったとき、周囲が付いてきてくれなかったり、離れてしまったとき、周りの人たちが疲弊しきってしまったとき……。こんな自分がつらい、前に進めないと思ってしまうことに何か共通の要因はないのか。

逆にイキイキしているときは、自分の裁量や判断でどんどん仕事が進められるとき、最後までやり抜いたとき、新しいものを生み出したり、大きなチャレンジができたとき、仲間と何かを一緒にやり遂げた、仲間に助けてもらったとき、仲間に感謝されたり、頼られたとき、お客さんが喜んでくれたとき……。どんな時に自分が一番イキイキした気持ちになれるのかを探していきます。

自分にとっての最高の仕事や、チームで成し遂げた最高の仕事を思い出したりもします。なぜ、その仕事を最高の仕事だったと思うのか。そのとき自分はどんな気持ちだったのか。周囲の気持ちはどんな気持ちだったのか。どうしてそんな感情が持てたのだろうか。

こんなことを振り返っていきます。

人生の天気図も、最高の仕事の振り返りも、やろうとしていることは一緒です。自分の中にある、大切にしたい仕事の仕方、仲間とのあり方、生み出したい価値へのこだわりを見つけることです。

私の場合は非常に明快で、何をするかよりも、誰と仕事をするかが一番大切だと思っています。ベースに人に対するやさしく、あたたかい思いを持ち、だからこそ一人ひとりがイキイキと元気に生きていける社会づくり、組織づくり、人づくりに貢献したいと思っている仲間が集まれば、何でもできると思っています。お互いのことを考え、お互いの成長を支援し合える仲間と、何か大きな仕事をしてみたい。これが私の中にある思いなのだと感じています。

こんなとき自分が一番楽しい、イキイキできる。そういう状態、そういう世界を見つけること。そんな自分の中にすでにある「思い」に気づくこと。これが第一歩です。

ビジョンは浸透させるものではなく、共感するもの

そして、さらに重要なのは、こうした思いをイメージに変え、ビジョンに仕上げていく中で共感の連鎖を起こしていくことです。

確かにビジョンをつくるときに、最初は経営者やリーダーの思いが前面に出てくる必要はあります。特に、ベンチャー企業やオーナー企業では経営者の思いは最も強いものですし、彼らの思いに人が集まってくるということが大切です。

ですが、彼らの思いがいくら強く、立派なことを語っていても、それが社員に共感されなければ、ビジョンは実現しません。

このときに間違えてはいけないのは、ビジョンは上から浸透させるものではなく、みんなで共感するものだということです。

ビジョンを浸透させるという言い方には、上が決めたメッセージを理解させるという考

え方が含まれています。

確かに、実現したい姿がイメージできて、そのために何をすべきかを各人が理解していくという意味では、浸透させるという言葉でもよいかもしれません。しかし、これは同意や同感というものであり、第三者としてそれはいいと理解しただけです。それでは行動化する動機にはつながらない。ビジョンは理解したけれど、行動にはつながらない。そういった状態です。

ビジョンを通じて実現したい姿をイメージし、その世界に自分を置いてみたら、自分もワクワクしてきた。自分がイキイキした姿をイメージできた。自分もこれを実現する一員になりたい——他者の思いと自分の思いが重なることが、共感です。他者と同じ感情が自分の中に起きている状態です。そうなればこそ、内発的に動機づけられ、自分の意思で行動を起こせるようになります。

ビジョンを与えられたものではなく、自分の中にあるものに変えていかなければなりません。ビジョンを自分の言い方で、自分の言葉で語れるようにならなければ、イキイキ感情は出てきません。

人の心を動かす物語を探してみよう

では、どうすればビジョンへの共感が生まれるのでしょうか。ビジョンが今はない、将来をつくり出すものだとしても、大切なのはその背景にある思いです。その思いがどこから来たのかを伝えることです。

もし歴史のある会社や何年も共に働いてきた部署の仲間と共有する時は、その中で自分たちがやってきた誇れる仕事、あるいは自分たちの基盤をつくった苦労した仕事を物語にして伝えるということが効果的です。

私たちジェイフィールの親会社であるアミューズは、二〇〇八年に設立三〇周年を迎えました。サザンオールスターズや福山雅治さんをはじめ、多くの音楽アーティストや俳優のマネジメントを手掛けている企業です。ただ、他のプロダクションと大きく違うのは、自分たちでライブを企画し、映画製作も行い、パッケージソフトの販売まで行う、総合エンターテインメント企業であるということです。

そのベースにあるのは、人々の心を感動させたい、人々を元気にしたいという強い思いです。その思いを形にした言葉が、「感動だけが人の心を撃ち抜ける」というビジョンです。そんなことを実現していくことが自分たちの使命なんだという思いです。

これを社内で共有するために、その思いを持ってみんなでがんばってきた象徴的な仕事をフォトストーリーにして、みんなで見ることにしました。
「中途半端では面白くない」「ライブイズム」「やる時はみんなでやる」。そんな考え方がアミューズの大切にしてきた働き方の中にあります。そんなことを実感できるエピソードをフォトストーリーにして、みんなで見てみる、感じてみる。

こうした社内のエピソードを通じて、思いを明確にして、その先にあるビジョンとつないでいく。こうしたものをみんなが素直に感じられるようにしていくために、このフォト映像をつくるという手法は非常に有効です。

同時に、こうした映像を通じて、イメージを共有するとともに、自分が感じたことを素直に話し合っていきます。そして、自分の中に、同じような思いで働いた経験がないか、自分の中にも同じ思いを持ってこれから成し遂げたいと思っていることがないかを話してみます。そうすると、すでに、自分の中にビジョンの背景にある思いと同じものがあったことに気づく。これが共感になります。

大切なのは、思いの共有です。ビジョンというとかく、将来の姿だけを描き共有することだけを考えてしまいがちですが、大切なのはそのイメージをつくり出す原点にある思いと経験です。各人が本当にお客さんから褒められてうれしかった経験、厳しかったりれども乗り切ったときに思いっきり感じた充実感や達成感、自分だけでなく、みんなで何かを成し遂げたり、乗り越えたときの連帯感。こうした経験とその時の感情を共有していく中で、お互いの思いが引き出され、重なり合っていきます。

ですから、最初にビジョンを語る人は、ただ単にビジョンを言葉で説明するだけではダメです。なぜ、そうしたビジョンを掲げるのか、その思いがどれだけ強いものなのかを伝えることが必要です。そのビジョンの背景にある、過去の経験やそのときの豊かな感情を自分の言葉で語ることが必要です。そこに裏付けられた思いには、説得力と強い意志が見えてきます。

そして同時に、それが経営者や会社の思いではなく、聞いている人たちの一人ひとりの思いになっていかなければ、自分の内側から湧き出る高揚感にはなっていきません。

組織全体がワクワクした期待感、イキイキとした感情に包まれていくためには、組織全体の思いと各人の思いを重ね合わせることが必要なのです。

思いが重なったとき、みんなの目標になる

イキイキ感情の出発点は、高揚感です。何かが起こるという期待感に胸を膨らませる。ワクワクしてくる。楽しくなってくる。こんな感情を共有できるかどうかです。

ベンチャー企業で立ち上げたばかりの会社では、それだけで高揚感に包まれています。

これから先への不安を感じながらも、こんなことはできないか、こんなものを市場に出せたらお客さんはどう反応するだろう、もしかしたらこの会社は社会的にインパクトのある大きな意味を持てる会社になれるのではないだろうか。

「誰に、何を、どうやって提供して、どのような存在になっていくのか」という議論を繰り返していく中で、思いが思いを呼び起こし、知恵が知恵を生み出していき、夢が現実の目標へと変わっていきます。

私自身、ジェイフィールというベンチャー企業の立ち上げの際に、この不思議な高揚感を体験しました。最初は私の野村総合研究所時代の師匠である野田稔の夢から始まりました。もっと教育を楽しくしたい。ワクワクする気持ちを引き出す教育にしたい。そのために、役者さんやアーティストの力も借りながら、企業の中にエンターテインメントの要素を取り入れ、「楽しく、感じて、気づいて、変わる」を実現できるような教育を提供したい。

議論を膨らませていく中で、その思いはみんなの思いになっていきました。日本中にエデュテイナー（エデュケーションエンターテイナー）という、楽しい教育をしている人たちのネットワークをつくって、その人たちの知恵のネットワークをつくりながら、企業の教育だけでなく、子どもの教育ももっと楽しく、笑顔いっぱいの教育に変えていきたい。日本の教育を変えていくことで、日本を元気にしたい。そんな議論を重ねていきました。

ただ、このビジョンを実現するために、自分たちが今なすべきことを考えたとき、解決しないといけない問題があることに気づきました。

それは、子どもたちの親である、お父さん、お母さんたちがまず、元気な姿を子どもたちに見せられるようになることです。仕事って面白いんだよ、職場ってものすごく楽しくて、いい場所なんだよ。そんなことを心の底から語れる人たちに囲まれていなければ、働くこと、学ぶことに子どもたちはワクワクしないのではないか。

そう思ったときに、まず、「仕事が面白い、職場が楽しい、会社が好きだ」という感情が持てる人たち、感情の連鎖が起きていく組織を増やしていこうという考えにつながっていきました。あたたかくて、前向きな感情を伝えられる人たちが増えていくこと。そのための組織づくりや人づくりに貢献していくこと。これが、働く人たちを元気にし、親を元気にし、組織を元気にし、社会を元気にしていく。そんなことにつながるのではないか。こういう思いになっていきました。

世の中に感情ルネサンスを起こそう。これが新しい人と組織との関係づくりを提起し、経営そのもののあり方を変える、経営ルネサンスに通じる。

そのためにまず、世の中に蔓延する「不機嫌な職場」をなくしていくための活動を展開しよう、企業の中で一番難しい状況にあるミドルマネージャーの人たちが元気になっていくためのワークショップを展開して、彼らが元気になっていくためのプログラムを社会全体に広げていこう。そして、学生と企業人が一緒になって、働くことの楽しさ、組織の面白さを思いっきり笑顔で話し合える、そんなイベントを実施しよう。こんな具体的な目標が定まったとき、本当にみんなの思いが一つに重なった瞬間を体感しました。

自分たちは誰のために、何をしようとしているのか。それが大きい夢であっても、自分たちの経験や能力をもってすれば、実現できるかもしれない。そんな大きいけれども、がんばれば手が届く夢が見えてきたとき、それは大きな目標になっていきます。

そもそも目標は、目標管理制度に基づいて「あなたは何をいつまでに、どこまで、どうやって実現するか」を具体化しなさいというような、外側からのプレッシャーで設定していくものではありません。ビジョンを起点に、自分たちの内側から出てくるものであり、自ら設定していくものです。そして、その目標を達成する姿に、その目標を達成するために努力をしていくことにワクワクしてくる。その思いがつながっていく。共感の連鎖が起こる。これが本来あるべき目標設定の姿です。

あなたの職場では、目標設定の際に、メンバー全員で議論をしていますか。そのときに、自分たちは誰に、何を提供して、どのような存在になっていくのか。誰に、どう言ってもらえる存在になりたいのか。そんなことを共有していますか。

具体的な目標も大切ですが、個々人がその年にどんなテーマを持っているのか、何を大切に一年間がんばろうとしているのかを知ることも大切です。

ジェイフィールでは、仕事はじめの日に書き初めをしました。半紙に筆でその年に一番大切にしたい言葉を書こうということで、空いている机の上に習字セットを置いておき、思いついた人から好きな時に自由に、大切にしたい一言を書いてみました。みんな実にさまざまな言葉を書いていきます。

「試」「出陣」「再起動」「創」「活」「着」「不惑」「楽」「楽笑」「愛」「天命」……一つひとつはよく聞く言葉でも、その人が今、その言葉を思い浮かべて書いたこととの意味を知ると、なるほど、そういう思いがあるのかと納得してしまいます。一人ひとりの今年にかける思いが見えてきました。

高揚感を共有するために、一番大切なのは、こうしたみんなの思いを引き出し合うこと、伝え合うこと、重ね合わせることです。そのために、こうありたいというイメージやその背景にある思いの強さを示すエピソードを共有していくこと、あるいはもっと素直にそんな言葉を一言ずつでもいいから伝え合ってみること。ここからぜひ、始めてみていただきたいと思います。

② 主体感　自らやってみようという気持ち

では次に、イキイキ感情の二つ目の感情、主体感について考えていきましょう。

主体感とは、自分でやってみよう、自分から行動を起こしてみようといった前向きな感情のことです。「誰かがやってくれる」と待っているのではなく、気づいたら自分から自発的に行動を起こしている。そんな自分から動こうという感情が、主体感です。いわゆる、「やる気」です。

これが組織全体に広がったとき、メンバー全員が自立（自ら立ち上がる）、もしくは自律（自分を律して行動を起こす）している状態になります。

成果主義の導入と同時に、この「自立」「自律」という考え方が、特に人事制度改革の一つのキーワードとしてよく使われるようになりました。自分で考え、自分から行動を起こせる人材になりなさい。自律的に成果を出せる人材になりなさい。そんなメッセージが会社から出て、自分で行動を起こす力が問われるようになりました。

私自身も、いろいろな会社の人事制度設計の仕事をさせていただく中で、やはりこの自律的行動を促す仕組みを制度の中に組み込んできました。いわゆる、「コンピテンシー評価」というものです。一時的にそうした枠組みが示され、実際に自発的、自律的な行動をとる人たちが評価され、周囲もそうならないといけないんだと思うきっかけをつくることは大切です。

ただ、どんな制度も同じなのですが、制度がただ上からの押し付けになっていて、人を追い込むだけの仕組みになってしまっては、主体感は生まれてきません。また、できたら報酬を出す、やらなかったら罰を与えるというのも、一時的な行動を引き出す方法としては有効ですが、あくまで外発的な動機付けであり、自分の内側から出てきた前向きな感情ではありません。だから、持続力がない。

表面的には自発的に行動を起こしていても、気持ちが伴っていかない状態では、周囲のプレッシャーが弱くなれば行動を起こしていく力も弱まっていきます。

大切なのは、自発的に行動を起こすことが、「楽しい」と素直に思えるようになるかどうかです。自力でやりきったことで達成感を得られる、自分が主体的に行動を起こしたことで周囲に感謝される。こんな気持ちが返ってくることで、次も自分からやってみよう、そんな主体感が、自分の内側から自然と湧いてくるようになるかどうかです。こういった状態をいかにつくるかをここでは、考えていきます。

自分たちの仕事の意義を知る

前向きな気持ちが自分の内側から湧いてくるために、もう一つ大切なことがあります。主体的になることが、素晴らしいことだと実感できるかどうかです。

先ほどのコンピテンシー評価制度も、ただ成果につながる行動が評価項目として列挙され、それを面接時に確認しながら、自律的に行動を起こしているかどうかを判断される——こんなやり取りでは高揚感も、そこから主体感も出てきません。

ハイパフォーマーと呼ばれる、主体感を持って、実際に高いレベルの行動を取っている人への詳細なインタビューを録画し、みんなで見てみる。あるいはそういう人たちのドキュメンタリーをつくって、お客さんとのやり取りや仲間の声も集めて、その人が何をしているのかを浮き彫りにしていく。

そんなことをしてみると、本当にその人がイキイキと、楽しく、主体的に、行動を起こしている姿が具体的に見えてきます。同時に、そこでどんな意識で、どのように行動を起こしていくのかが共有できます。こんな仕掛けがあれば、コンピテンシーを高めるということの意義も実感できるようになります。

ある会社でこんな話を聞きました。

アジアのある部品工場に赴任した日本人の経営者が、正直、あまりの働き方のいい加減さに驚いたそうです。時間通りに出社してくれない、遅刻は当たり前。ダラダラ働いていて、こちらがいくら指示しても、明るく返事はしてくれるけれど働き方は変わらない。決して、いい加減でダメな人たちというわけではないけれども、仕事に真剣になってくれない。この状態をどうにかしたいと思ったそうです。

そこで彼は、自分たちがつくった部品が日本でどう組み立てられているか、さらにそれが店頭でどう売られているのか、さらに買ったお客さんが家に持ち帰って設置をして、喜んでいる姿、これらを取材して、映像にして、工場の社員全員を集めて、見せたそうです。

その国ではあまり普及していないものだし、自分たちはただの部品をつくっていただけ。そう思っていた人たちに、自分たちの仕事が役に立っているんだ、お客さんが喜んでくれる仕事をしているんだ、そんな当たり前の気持ちを持って欲しいと思ったそうです。

みんな本当に真剣に見てくれたそうです。そして、これをきっかけに本当に遅刻がなくなってきて、ちゃんと真剣に働いてくれるようになったそうです。前向きに、主体的に仕事をしてくれるようになったそうです。

やる気に満ち溢れる、そんな状態にまでなったのかはわかりません。ただ、少なくとも仕事の意義が見えてきた。自分がそうした仕事ができているんだということが理解できた。お客さんの笑顔のために、ちゃんとがんばろうと思った。やるべきことを自分から進んでやってみようと思った。こんな感情が広まったのではないでしょうか。

何のために、日々、自分たちはここに集まり、この仕事をしているのか。まずは、こんな仕事の意味の再発見から始めてみると、前向きに取り組むことの意義が見えてくるのではないでしょうか。

自分たちは、本当にいいことをやっているんだ、責任のあることをやっているんだ。それを言葉で説得するのではなく、感じてもらう。心の中に眠っていた、前向きにがんばろうという気持ちに火をつける。こんな取り組みが主体感を生み出していきます。

関心あるものから、のめり込んでいく

与えられた仕事にはきちんと前向きに取り組み、主体的に仕事をすることはできるようになった。では次に、もう一歩進めて、自分で主体的に仕事を見つけて、自分から動き出していくようになるには、どうしたらよいのでしょうか。

目標が決まり、その実行計画が出来上がり、その通り進んでいるかどうかを進捗《しんちょく》管理されていることを繰り返すと、決まったことを決まった通りにやろうという思考になってしまいます。

でも、本当はそうした中で、顧客の要望を聞いたり、競合の動きを見ていくうちに、も

っとこうした方が良い、もっと新しい取り組みができないか、そんな問題意識が出てきて、ちょっと決まったこととは違うことをやってみる。仕事の中でやり方を変えてみる。そんなことが必要です。

それをただ、上司がもっと自分で考えろ、工夫しろと詰めていては、結局、決めたことをやらせていることと、何ら変わりありません。

大切なのは、自分から何か気になることがあったら、それが何で起きているのか、どうしたらよいのかを考える癖をつけることです。そして、思い立ったら工夫をしてみる、やってみることが、当たり前のようにできる状況にしていくことです。

こう言うと、だからロジカルシンキングが必要だとか、問題解決やアイデア発想のためのトレーニングをして、一人ひとりの思考力を上げていくことが必要だとか、そう考える方もいるでしょう。確かに手法としては、有効ですし、個々人が本当に自分をレベルアップさせたいという主体的な気持ちが伴っているのなら、身につくと思います。でも、ただそれもやらされ感だけで教わったのでは、自分の力にはなりません。

大切なのは、みんなが、自然と自分の問題意識が湧いてきて、それを解決したい、あるいは新たにやってみたいという気持ちが引き出されてしまう、そんな状況をつくり出すことです。押し付けではなく、まさに主体的に何かをやってみたいという感情が湧いてくるような、そんな仕掛けが必要です。

たとえば、来期の新製品のアイデアを考えるとします。このときただ、一人一〇個、来週までにアイデアを出すようにとプレッシャーをかけても、なかなか良いものは出てきません。

だったら、一人ひとりがまずは自分が関心のあるものを持ち寄ってみる。競合商品の中で、これはやられたなと思うものを持ち寄ってみよう。自分が最近気になった、これはすごい、これはかっこいい、と思う他分野の商品を集めてみよう。あるいは、二〇代の若者たちが今一番のめり込んでいるものが何かを調べよう。そんなテーマで、みんなが自分の関心があるものを持ち寄ってみる。そこで、各人が良いもの、すごいと思うものをどんな観点で選んでいるのかを知る。同時に、お互いが良いと思うものに、共通性がないかを考えてみる。その上で、自分たちの商品と比べて、自分たちに足りないものを探ってみる。

昔の日本企業はよく、世界の一流企業の商品を買ってきて、みんなで分解しながら、どんな部品が使われているのか、どんな仕組みになっているのかを夢中になって解き明かそうとしていました。自分たちとの技術レベルの差を感じ、模倣できる部分を見つけながらも、それを超える方法がないか模索する。こんなことを当たり前のようにやっていたと聞きます。それと同じように、みんなで自分たちが本当はどんなものをつくりたいのか、何を変えたいのかを探り出す。そんなことをやってみると、一人ひとりが、自分がやってみたいというテーマを探すことにもつながるし、組織全体で思いを持って取り組めるテーマを見つけることにもつながります。

主体感を引き出すには、自分でやってみること、それが楽しくなること、気づくと自らのめり込んでいることが必要です。まず個々人が何か関心のあること、気になっていることを持ち寄ってみる。そしてお互いが感じたことをシェアし、さらに質問をぶつけ合ったり、一緒に調べたりしながら、発見していく。それが楽しいという体験に変わった時に、もっとやってみたい、自分からやってみたいという気持ちが引き出せる。そんなことをやってみてください。

忙しい、余裕がないという職場でも、半年に一回はこんな時間をつくってみてください。そうすると、その半期に思いの持てるテーマが見つかるかもしれない。それが主体感の連鎖を生み出していきます。

チャレンジ文化をつくり出す

一人ひとりの好奇心が引き出され、一歩自分から踏み出すことが当たり前の状況になれば、今度は、未知のことやリスクがあることでも、自らチャレンジしようという気持ちを持てるようになることが求められます。そのためには、チャレンジすること、失敗することが、当たり前であり、そうしたことをしている人たちのイキイキとしている姿を目の当たりにできる場をつくることが必要です。

自分だけがチャレンジをして、失敗したら責められる。そんな状況では誰も、自分から現状を捨ててまで次の一歩を踏み出そうという気持ちにはなれません。みんながそうした取り組みを当たり前のように、しかも、楽しそうにやっていて、それが大きく人を成長させている。そんな状態が見える場です。

リクルートやサイバーエージェントのように、新規事業提案を当たり前のようにやっている会社では、さまざまな仕掛けがあります。毎年のように、事業提案コンテストを開き、提案しただけでも自分の欲しい商品がもらえたり、優勝するとものすごい大々的なイベントでみんなの前で表彰されたり。サイバーエージェントでは、役員たちだけの事業提案バトルを公開で行い、役員たちが真剣にお互いのアイデアをぶつけ合い、競い合っている姿を見て、アイデアを出すことへの真剣な思いや楽しさをみんなで体感しています。

小林製薬は、「あったらいいな」というものを形にするというのが事業開発の基本的な考え方です。だから、普通に開発部門でない人たちからも、事業提案のアイデアが出てきて、実際に商品化されていきます。これは管理部門の○○さんのアイデアですといったことがホームページなどでも紹介されています。

電子部品商社の加賀電子では、社員がやりたいと思うことはどんどん事業化していきます。このときに、三年黒字化、五年累損解消という明確なルールがあり、それをクリアできず、失敗したら、半年間の減給という罰があります。信賞必罰は明確にという考え方です。でも、半年間のみそぎを終えたら、次にまたチャレンジできます。だから、厳しさもあるけれど、次こそがんばろうという気持ちが引き出されていきます。仕事には厳しいけれども、人にはあたたかい。そんな雰囲気が主体感を引き出しています。

京都にある三洋化成工業という会社も、「おもしろ、はげしく」をモットーにチャレンジを促すさまざま仕組みを構築している企業です。その一つが、チャレンジ契約という仕組みです。社員がチャレンジ目標とチャレンジ期間を自己申告して社長と契約を交わし、指名した数名のパートナーと協力し合って目標達成にチャレンジします。このとき、成功時の報奨、失敗時のペナルティーも自己申告します。面白いのは、失敗時のペナルティーを事前に決めるということです。賞としては海外研修旅行、罰としては関係するプラントの清掃や公園などの公共施設の清掃などが多いそうですが、こうしたものを自己申告することで、楽しく、でも覚悟を持って主体的に取り組むことができる。そんな仕掛けです。

大切なのは、新しいことを生み出す、チャレンジすることを楽しむ文化があるかです。同時に、仮に失敗しても、だからといってそれで終わりにはならない。そんな仕掛けがあるかどうかです。

自分のための自律ではなく、他者のための自律

もう一つ、主体感を引き出す上で、考えるべき視点があります。それは、主体感は各人が自分のために自律的に行動することからしか生まれないのかということです。

主体的になれというと、とかく個人の問題のように捉えられがちです。自分の成長のために、各人が成果が出せるようになるために、主体性、やる気というものが大事だというのが、一般的な考え方になっているように思います。

でも、本当にそうなのでしょうか。人は自分のために、自己利益のために主体的に行動するだけなのでしょうか。

私はそうは思いません。むしろ、人は誰かのために、誰かを守る、誰かに喜んで欲しいと真剣に思ったときに、より主体的になれるのではないでしょうか。

お客さんに心から喜んで欲しい、この商品やサービスに出会えて本当に良かったと言って欲しい。そういう思いが強くなれば、もっといいものができないか、もっと喜んでもら

えるような工夫ができないかと、知恵を出したくなる。

職場の仲間が気持ちよく働けるように、お互いの仕事がスムーズに連携できるように、知恵を出し合ったり、受け渡しの仕組みをつくろう。そうしたことを主体的にできるように、徹底して自分の仕事を受け渡す相手のことを考えてみよう。

こうしたお客さんや職場の仲間のために良いと思うことは、何でもやってみようという取り組みを仕掛けていく。そして、お客さんや仲間が喜んでくれたことがあれば、それをみんなの前でシェアする。こんなことを繰り返していくと、誰かのために行動を起こしていくことが自分の喜びになっていく。気づくと、どんなことにも主体的に行動を起こせるようになっていきます。

大切なのは、何のために主体感を持たなければならないのか、何のために自律的に行動を起こさなければならないのかを知ることです。

確かに主体感を持つことは、最後は自分の喜びになります。でも、最初から自分の成長や自分の成果のために行動を起こせと言われるよりも、他者のため、他者が喜ぶ姿を見たいがために行動を起こせと言われた方が、自然と抵抗なく踏み出していける人たちも多くいます。

自律しなさい、主体的に行動をしなさいというと、とかく一人ひとりの責任でその人が自力で行動を起こすものだと考えてしまいがちです。でも、私もそうですが、自分に厳しくなれない人間からすると、そうはいっても時間がない、忙しい、今じゃなくてもいいという言い訳をして、行動を起こさなくなってしまいがちです。この状態を繰り返していては、主体感は持てるようになりません。

主体的に動くことが当たり前で、そうしていることが「楽しい、うれしい」という状況をつくり出すことです。そして、行動をしたことが喜びになって返ってくる。そんな状況をつくり出すことです。

主体感はこうした感情に支えられてこそ、引き出される感情なのです。

③ 連帯感　みんなでがんばろうという気持ち

三つ目のイキイキ感情は、連帯感、一体感です。個々人が主体的に動いているだけではなく、みんなで一緒に何かを成し遂げようとしている。そんな団結心、結束力というものです。チーム全体で何かを達成しようという強い意識を持って、お互いが最大限の力を出し合うことです。

高揚感の項で見てきたように、みんなが自分たちの目指す姿をイメージして、そこに向かっていくことへの思いを重ねていくことは、連帯感をつくり出す上でも大切です。チーム全体で追求する目標が明確で、そこに向かっていくことにみんなが喜びや価値を見出せれば、みんなが同じ方向に向けて主体的に行動を起こしていけます。

まずは、同じ方向に向かっているかどうか、そこに一人ひとりが行動を起こしているかどうか。これらの行動がお互いに影響し合い、一つの意思を持って、全体として行動を起こしていく。こうした状態になった時に、連帯感、一体感というものが広がっていきます。

では、連帯感を引き出し、共有するには、どうしたらよいか。実は今まで説明してきた他の感情よりも、原理は極めて明快です。

みんなが一致団結しなければ乗り越えられない対象や経験を共有することです。

そもそも人は何のために集団になり、組織をつくるのでしょうか。答えは単純です。一人ではできないことがあるからです。大きな石を運ぶのに自分だけの力ではどうにもならない。だから、人の力を借りて運ぶ。みんなで一緒に石を運ぶ。そして家をつくり、農地をつくり、食料を確保し、分け与え、家族を守る。これが、人間が生き残るためにとってきた方法です。だから、他の動物よりも大きな集団をつくり、大きな困難を乗り越えていく知恵と力を結集することができる。

連帯感や一体感は、大きな壁を乗り越えていくために必要な行動を引き出すことに不可欠な感情なのです。

乗り越える壁を知る

連帯感や一体感をつくる、最も端的な方法は、敵をつくることだと言われています。集団への忠誠心を持たせるためには、外部に敵をつくり、その外敵から身を守るために一致団結することを要求する。歴史の中で登場してくる独裁政権に共通するのは、外部に明確な敵をつくっているということです。外部と比較し、自分たちを特別視し、外部を排除することで、自分たちの独自性、アイデンティティを明確にしていきます。

スポーツなど、あくまで健全なルールに基づいて争うような状況の時は、この敵をつくること、ライバルをつくることは、一体感をつくる上で有効な手段になります。市場原理の中でライバル企業と熾烈《しれつ》な新製品開発競争をしたり、コスト競争をしたりするのも、連帯感や一体感をつくり出すという意味では、有効です。

しかし、過度な敵意は外部からの閉鎖性を高め、逸脱行為を許さない、特殊な環境を生んでしまいます。連帯感や一体感と言うよりも、強制された忠誠心に変わってしまいます。これは、みんなが一緒にがんばろうという自分たちの意思に基づく連帯感、一体感とは異なるものです。

健全なゲームの中での敵は、試合が終われば尊敬すべき友人です。お互いに学び合い、刺激し合うことで、お互いを高め合う関係です。ですから、ただ敵をつくり、彼らに勝つために結束しようというだけでは、大きなエネルギーにはならない。むしろ、謙虚に相手の素晴らしさを認め、自分たちはこのままではいけない、みんなで変わろうという思いが連鎖したとき、自分たちの壁を越えようとする強い連帯感、一体感が生まれてきます。

私がコンサルタントとして駆け出しのときに担当した仕事に、ある卸売市場の活性化という仕事がありました。青果市場、水産市場、食肉市場、花卉《かき》市場など、全国各地に生産物を取引する市場があります。一九九〇年代に入って、こうした生鮮食品などの生産物の流通も大きく変わるのではないか、特にITの環境が整備されていく中で、産地と小売店が直接取引を始める、産地が直接消費者に販売を始めるような、そんな動きが本格化するのではないか。そうなったら、卸売市場は存続できるのか。取引手数料が大きく減少して、生計が成り立たない業者も増える。そんな危機感から、全国各地で、卸売市場の活性化プロジェクトというものが実施されました。

実は、私にとって、これが仕事上の初めての成功体験でした。最初は市や行政から調査委託という形だったのですが、自分で全国各地の卸売市場に独自のレポートを作成して、配布し、実際にいくつもの市場から依頼を受けて、仕事をさせていただきました。まだ入社二年目でしたが、社内の同僚からは〝市場の克《かっ》〟と呼ばれていました。

この仕事の難しさは、検討するメンバーがお互いに利害関係にあるという点です。生産者が出荷した生鮮食品は卸売業者がセリにかけていきます。それを仲卸業者が購入し、小売店や飲食店の買い手が仲卸業者から購入していきます。ただし、小売商の中には売買参加者といって、仲卸業者と一緒にセリに参加できる人たちもいます。またこの市場の管理、運営を行っているのが開設者です。都道府県や市がその運営を担っています。

これだけの関係者が集まり、市場の将来について、議論をしていきます。場外流通が広がらないように、いかに市場に来ていただく方を増やすか。どうすれば、市場取引のメリットを出せるのか。最初は、お互いの腹の探り合いなので、結局、開設者である行政がどのくらい設備投資をしてくれるのか、卸売業者だけが得をするような仕組みにならないようにどうするか、仲卸業者の中でも強い業者が有利になるようなルールを決められないか。それぞれにさまざまな思惑があるので、まともな議論にはなかなかなりません。

こちらとしても、まずは売買参加者、地域の小売店や飲食店の店主に向けたアンケートなどを実施して、市場に対する評価や今後の利用意向、利用拡大要件などを調査していきます。確かに、データ自体は意味があるのですが、どうもまだこれだけの利用意向があるんだから大丈夫だよといった議論になってしまう。

そこで、近代的な卸売市場経営を行っている大田市場に、メンバー総勢二〇名ぐらいで見学に行きました。そこで、ITを駆使した最新鋭の設備、取引のシステム、そして活気を肌で感じて、正直、あまりの違いにメンバーそれぞれがショックを受けてしまいました。これでは、自分たちのお客さんも取られてしまうかもしれない。場外取引の前に、市場間の競争で負けてしまう。そんな危機感が共有されました。

私も一緒にいて、最初は落ち込んでいた人たちが、真剣に場内の設備や実際の運営上の問題について質問をし始め、必死になっていった姿を目の当たりにして、興奮していました。

そして本当に驚いたのは、そのあとからの議論の様子が一変したことです。明らかに参加者の立ち位置が変わり、自分たちの市場がどうやったら生き残るかという目線になり、お互いの利害の前に、お客さんに来ていただく市場になるために、自分たちはどうすればよいのか、大田市場に負けないために、同じ方法でなくとも、特長ある市場にできないだろうか、そんな議論が、参加者たちからも出てくるようになりました。

そして、最終的な答申がまとまり、施設計画が出来上がったとき、参加者たちが、この計画を実現して自分たちの市場を自分たちの手で変えていこうという強い一体感を共有していました。

実際にこの計画は数年かけて実現され、その間に自分たちでいろいろな企画をしながら、地域の住民や広く小売商の人たちに来ていただけるようなイベントを実施したり、本当にさまざまな動きが起こりました。

メンバーの中に、連帯感や一体感が生まれたきっかけは、大田市場への視察です。ここからメンバーの姿勢が大きく変わりました。

大田市場が自分たちの顧客を奪っていくかもしれない敵だと認識したのではありません。検討委員会のメンバーには、もっと大きな、自分たちが超えていかなければならない敵が見えてきたのだと思います。お客さんを呼び込む、お客さんが行きたいと思う魅力的な市場に変えていかなければ、顧客に来てもらえなくなる。本当に市場全体を魅力的な場に変えていくことが必要だ。そこに向けて、一致団結できないことが敵であり、それを超えていくことで実際に市場を変えていける。そんな思いが視察を通じて、共有できたのだと思います。

修羅場をみんなで超える

連帯感、一体感は、こうした自分たちが超えなければならない障害が明確になり、それを超えるために一緒になって力を出し合う体験が共有できれば、一気に高まっていくものです。

そういう意味では、修羅場体験を一緒に乗り越えていくことは、連帯感、一体感を共有する大きなきっかけになっていきます。

業績が大きく落ち込み、倒産の危機に直面していたり、あるいは大きな不祥事を起こしてしまい、信頼回復に向けた全社的な取り組みを行っているときなどは、まさに修羅場体験そのものです。経営陣から全社員が同じ危機感を共有して、現状を打開するために、早急に判断して行動を起こしていかなければなりません。

ところがこういう事態になったときに、連帯感、一体感を共有できず、それこそ潰れてしまう企業が数多く出てしまいます。

それは、経営陣から全社員までが同じ方向に向けて歩く、走るために最優先すべき価値基準が共有できていないからです。

今ここで生産ラインを止める、事実を早急に調査し公にする、早急にお客さんや取引先への対応を決めて、連絡をとる。こうした動きをとるべきか否かを判断し、全社員が一丸となって動き出すためには、何を最優先するかの価値基準を日ごろから共有していることが最も大切になります。

お客さんには何があっても迷惑をかけてはいけない。そういった価値観が共有され、経営陣から現場の責任者までが共通の判断軸で行動を起こしていく。こうしたことができれば、連帯感や一体感が生まれ、最後までやりきることができます。しかし、経営陣や現場の責任者が自分の保身に走るような言動をとれば、その時点で一体感を得ることはできなくなります。

こうした大きな修羅場体験は、その乗り越え方次第で、大きな連帯感を共有することになるか、逆に人の心が離れていくか、明確にその結果を突きつけることになります。

ここまでの大きな修羅場でなくても、職場では日々の業務の中でちょっとした修羅場が起きているのではないでしょうか。

取引先との交渉がうまくいかず、暗礁に乗り上げてしまった。お客さんからクレームが入り、その対応に追われてしまった。メンバーの一人が急に辞めることになり、引き継ぎをして役割分担を見直さないと厳しくなってしまった。

みんなが知恵を出して解決しないと乗り切れないことは、日々のマネジメントの中で頻繁に起こっています。

ところが実際の職場では、こうした問題が起きたときにも一人の担当者が自分でどうにかしなければと抱え込んでしまう。任せるべきフェーズの人にはあえてそうすることも必要ですが、お客さんにとって何が最良かを考えたときに、みんなで一気に解決した方が良い場合もあります。

実はこうしたちょっとした修羅場体験を、メンバー同士の連帯感や一体感を生む大切な機会として捉えて欲しいのです。一緒に知恵を出し合う、一緒に行動を起こして解決を図る。こうした体験の積み重ねが、一体感を生んでいきます。

この修羅場体験は三つの要素を明確にすれば、実は簡単につくり出すことができます。

その三つの要素とは、「期限」「主体」「アウトプット」です。たとえば、明日の朝までに、あなたたち三名で、今日上がってきたアンケートデータを分析して取りまとめて、明日の営業統括会議の資料として三〇〇部、印刷製本してください。こんな指示をされたら、それだけで小さな修羅場になります。

私が入社した当時は、ページ・ナンバーを打ったシールをつくり、それを資料に貼りつけたり、ページ抜けしていないかを消しゴムでページの隅をめくりながら確認をするという作業をみんなで当たり前のようにやっていました。報告会の直前まで資料が完成せず、ギリギリになってコピーをして製本しないといけない状況になったりすると、同じチームのメンバーが全員で分担して、一気に仕上げたものです。そして担当者が、「ありがとうございました」と言ってあわてて出て行くところを送り出したとき、残ったメンバーも何か達成感、一体感を感じていました。

職場の仲間と徹夜して次の日の会議の資料を仕上げる、明日の数社で競合する企画の提案書をみんなで仕上げる。大きな社内イベントがあり、その会場設営などをみんなで手伝って一日で準備する。

連帯感や一体感を共有するためには、やはりみんなで一緒になって何かをやり遂げたという体験の共有が必要です。しかもそれが困難であればあるほど、乗り越えたときの喜びは大きくなります。でも小さな体験でも、積み上げていけば、何かあれば一緒にがんばれる、そんな信頼関係が生まれていきます。そして、それが大きな問題にぶつかった時に、きっと強い連帯感、一体感に変わっていきます。

日常の業務の中にあるちょっとした修羅場体験をみんなで共有してみてください。さっとその体験から、何かをお互いが感じ合えるはずです。

仕事を離れた共通体験

連帯感や一体感を生むのは、何も仕事の体験だけではありません。

社員旅行を復活させようという動きが、さまざまな企業で出てきていますが、これも連帯感を高める取り組みの一つです。私が最初に働いていた野村総研では、総勢、三〇〇名、五〇〇名の社員旅行が毎年企画され、強い一体感を感じる素晴らしい経験をたくさんしてきました。入社一年目はチームに分かれて出し物をするのですが、半端なことはできないので、入社してからの数ヵ月間はその準備で夜遅くまで稽古をするし、土日にも寮に集まって稽古をしていて、何でここまで力を入れるのかわからないぐらい真剣に準備をしました。

入社二年目は実行委員になり、その年の社員旅行のテーマを決めて、予算を明確にして、旅行代理店と交渉して場所を選定し、食事、宿泊施設の確認から、当日のイベントの企画、金額交渉などを同期の代表メンバーが一緒になって、これも本当に毎日のようにミーティングをしていました。

さらに私はバンドをやっていたので、二年目からは野外コンサートを開催して、自分も思いっきり熱くなって、盛り上がっていました。

仕事はものすごくハードな会社でしたが、このイベントにかけるエネルギーにもすごいものがあって、本当に中途半端なものは許さないぐらいの大きなプレッシャーの中で、仲間と一緒に考え、乗り切ったときの喜びは今でも忘れられません。

アミューズグループでも、二〇〇八年に設立三〇周年を迎えるということで、一〇年ぶりに社員旅行を復活させ、三〇〇名近い社員が三班に分かれて、中国に研修旅行に行きました。中国の演劇や芸術に触れるということが目的だったのですが、やはりみんながこで次のフェーズに向かう一体感を持とうという狙いもあり企画されたものです。

全社員で集まったパーティでは、部署横断でつくった一〇チームが出し物を競い合い、自分たちの仕事である「人を楽しませる、感動させる」ことを自らできる人たちになろうという強い思いが結集した、楽しいイベントになりました。

こうしたイベントの最大の効果は、理屈抜きで楽しいと思える時間を共有できることです。同じものを体験し、同じ感情を抱く。その中で、お互いが真剣になる姿を見せ合う。感動している姿を見せ合う。それが、共感の連鎖を生み出していく。

何かに一緒になって感じたり、格闘したり。そんな体験が一体感をつくることにつながります。

もちろん、だからといってむやみやたらと運動会や社員旅行を実施すればいいと言っているわけではありません。大切なのはその中身とプロセスです。その中でどれだけ、一緒に乗り越えていく作業を共有できるか。そのときに感じたことを伝え合えるかです。

これは『不機嫌な職場』の共著者である渡部幹《わたべもとき》先生から教わったのですが、人間は本来、一緒に食事をするという行為は一体感を高めるために有効な手段なのだそうです。みんなで協力して狩りをして仕留めてきた獲物をみんなで分かち合う。ここから、一体感というものが生まれたのだという研究があるそうです。

どうせ飲み会をするなら、みんなで共同作業ができて、分けるという行為が発生するものが良いのかもしれません。ジェイフィールのメンバーで合宿をした際に、みんなで大きなマグロのカマを食べに行きました。ものすごい大きなカマに感動しただけでなく、みんなであーでもない、こうでもないと言いながら、大きなマグロと格闘していくという行為はものすごく楽しいものでした。

大切なのは、みんなで何かを乗り越えていく経験を共有することです。忙しい中で、そんなことをやっている暇がないと言ってしまったら、そこまでです。仕事の中にも、何かみんなで協力し合って乗り越えていく場面をつくり出す。仕事以外の中でも、ちょっとした共通の体験をしてみる。もし何も思いつかなかったら、年末の大掃除をみんなでやってみる、朝礼で円陣を組んで気合いをいれる、お互いにがんばろうとハイタッチをし合うだけでもいい。きっと、何かを一緒にやってみる体験が、お互いの関係を変えていくきっかけになります。

2　あたたか感情を共有したい

「イキイキ感情」は、前向きになる、燃え立つ感情です。活力のある元気な組織は、こうした感情が引き出され、共有されています。ただ、この感情が強すぎて、ついていけない人たちが出てきてしまうと、燃え尽き感情が増えていきます。手を抜けない、もうこれ以上走れない、いつも追い立てられている気がする。そんな気持ちがだんだん活力を奪っていきます。

そうならないためにどうすればいいのか。それは、イキイキ感情を支えるためにも、「あたたか感情」がまずはしっかりと共有されているという状態をつくることです。

この人たちと一緒にいると安心できる、自然に振る舞える。自分の居場所だと思える。そんな「安心感」を共有できること。

そして、お互いに助け合い、協力し合い、補い合うことが自然とできる「支え合い感」が実感できること。

さらに、お互いに対して感謝し合い、認め合うことで、自分が必要とされている存在なんだと認識できる、そんな「認め合い感」を共有していること。

この三つの感情がなければ、イキイキ感情は長続きしません。どこかで周りが自分を見てくれていない、自分を必要としてくれていないという感情を持つ人たちが生まれ、負の感情の連鎖が始まってしまいます。

このあたたか感情をどうやったら引き出し、共有することができるのか。方法論はいくらでも考えられますが、大切なのはその背景にある人の気持ちに対する理解です。人という存在への深い理解と思いやりを持つこと。これが必要になっていきます。

①安心感　ここにいても大丈夫だよという気持ち

あなたは、どんなことに不安を感じていますか。

自分の将来や会社の将来。あるいは自分の親のこと、自分の健康、老後の生活。さらには、長引きそうな経済不況や世界中に拡大していく新型ウィルス。凶悪化する犯罪に、環境問題、いつ来てもおかしくない大地震……。

不安になることをあげようと思えば、キリがないくらい、次々に思い浮かぶのではないでしょうか。情報社会の中で、世の中では人を不安にさせる出来事が毎日のように起きています。そうした中でわれわれは生きていかなければならない。

こんな状況で、会社にいてもいつも不安と向き合っていたら、どうなるのでしょうか。この上司のもとで、この先輩や同僚たちの中で、自分はうまくやっていけるのだろうか。周りの人たちのスピードについていけるのだろうか。

自分の将来が見えない。この先のキャリアが見えてこない。このままで自分は管理職になれるのだろうか。

このまま業績悪化が止まらなかったら、リストラになるかもしれない。真っ先に自分が切られるなんてことにならないだろうか。

不安のない人生がないように、会社生活においてもまったく不安がないという状態はありません。不安があるからこそ、がんばろうという気持ちも出てきます。

ただ、自分の生命や生存に関わる大きな不安は、人を壊していきます。人を壊さないために、どのような安心感が必要なのか。まずは、そこから考えていきます。

自分を守ってくれる存在なのか

企業という場の変化を見た時、一番大きな変化は、企業の社員を守る姿勢です。

日本企業の多くは、終身雇用という長期的な関係を前提に、雇用を守ることを最優先して考えてきました。会社はあなたの家族、生活を守るから、身を粉《こ》にして働いてくれ。こんな契約が成り立ってきました。

ただ、この時期の企業もまったくリストラをしなかったかというとそうではありません。大手企業の中にも、危機的状況のなかで人を切る選択をせざるを得なかった企業もあります。社史を見ると、それが当時の経営者にとってどれだけ苦渋の選択だったのかがわかります。社員を守れなかったことを恥じる。そんな苦しみが伝わってきます。高度経済成長期までの企業にとって、やはり社員は守るべき存在だったのでしょう。

それが一変したのが、バブル崩壊後のリストラです。多くの企業は存続のために、不良資産を整理し、事業を整理統合し、構造改革を迫られました。コスト構造を大きく変えなければ、新興国に負けてしまう。グローバル経済の中で勝ち残れない。こんな理由から大規模なリストラが多くの企業で行われました。

確かに、生き残るためにリストラすることが必要だった企業も多くあると思います。ただ、このとき、本当に社員を守れなかったことを恥じ、詫び、一緒に乗り越えて欲しいというメッセージを出せた経営者がどのくらいいたのでしょうか。

ここぞとばかりに余剰人員を減らそう。成果主義を導入して、結果を出せない人間から切ればよい。年齢の高い人間から早めに退職させよう。

こんな発想で、リストラを当然のこととして進めた企業が数多く存在しました。そして、これが社会全体に与えた影響は計り知れないほど大きいものになった。

自分の親や友達の親がリストラされる。職を失い、路頭に迷う人が増える。若い人たちの中には就職できずフリーターになってしまった人もいる。いつか正社員にと思っても、経験がないからといつまでたってもどこも採用してくれない。

会社は自分を守ってくれる場ではない。自分の能力を磨き、キャリアを積んで、企業と渡り合えるぐらいの実力がつかなければ、会社とは対等になれない。いつでも不安を抱えてしまう。だから、会社との関係は適度であることが望ましい。自分が成長できない、出世できない、人間関係がうまくいかないと思えば、別の会社に移ればよい。こんな考えを持つ人たちが、急激に増えていきました。

働くという行為は、生きていくために不可欠です。働いて何らかの収入を得られなければ、多くの人たちは生きていくことができません。だから、その行為がいつまでできるのかわからないという状況にさらされるのは、強い生命の危機を感じている状態と同じことです。

ここで、国がこうした働く機会を守るという仕組みを構築できれば、社会不安は軽減できたと思います。セイフティネットがあれば、この会社でダメでもどうにかなるという安心感が持てると思います。ただ、これも残念ながら十分な取り組みはできていないというのが現状です。それこそ、国全体の社会保障に関する構造改革が必要です。

雇用を守るのは国の責任なのだし、グローバル競争に勝つためには、できるだけ資産を流動化し、成長に応じて人も柔軟に組み替えていかなければならない。そんな反論をされる方も多くいると思います。

でも、いつ切るかわからないよ、会社とあなたとは長期的な関係ではないのだからと言われて、あなたは目の前の仕事に前向きに取り組めますか。そこまで言葉で言われなくても、そんな組織感情が蔓延している会社にいて、自分だけはそんな対象にはならないから大丈夫と自信を持って言えますか。

また、『不機嫌な職場』でも説明しましたが、長期的な関係が前提であれば、今、損をしても将来見返りがあるかもしれないという期待から、人は協力してくれます。ところが長期的関係が前提でない状況では、自分が何かを提供しても、その見返りがすぐに受け取れなければ自分が損をしてしまうかもしれない。こんな損得勘定が働きやすくなります。だから、契約以上のことはしない。見返りが保証されないことには、進んで協力をしようとしない。そんな関係になってしまいます。

今一度、会社という存在が人を守る、人の生活を守る大切な役割を担っている存在であるということを、経営陣をはじめ、社員と一緒にしっかりと共有してください。こうした人を守る姿勢がベースになければ、厳しいからがんばれと言っても、誰もついてきてくれません。

職場で求められる安心感とは

「ここにいれば大丈夫、必ず守るから」

こんな言葉をかけてもらえれば、人は安心するものなのだと思います。少なくとも、身近にいる家族からだけでもこんな言葉があれば、不安に押しつぶされずにすむのではないでしょうか。

企業という場で、こうした言葉をかけてもらえるのか。確かに、軽はずみなことは言えないし、絶対に守れるという保証はできないと思います。しかし、大切なのはそうした気持ちを持っているかどうかです。なぜなら、それが相手を信頼するという行為に結びつくからです。

社会心理学者の山岸俊男先生は、「安心」と「信頼」を明確に区別しています。安心とは、相手の損得勘定に基づく相手の行動に対する期待です。逆に信頼とは、相手の人格や行動傾向の評価に基づく、相手の意図に対する期待であると述べています。

相互監視がなされ、集団のルールが明確であり、そのルールを犯すことは損であるという心理が働くからこそ、相手は予測通りの行動をとる。こうした状態であれば、安心できます。自分が損しないようにと合理的に考えさえすれば、社会的不確実性は存在しない。必ず予測通りの行動をしてくれるという期待が、安心だということです。

逆に信頼は、社会的不確実性が高くても、相手が期待通りの行動をしてくれるだろうと、相手の意図を信じることです。

長期的関係がベースにあり、集団主義のもと逸脱行為を許さないかつての日本的経営の中では、人は周囲の意図に反した行動をするとはじかれてしまうのではないかと思い、自分の行動を抑制していました。協力という行為も、ある意味、そうしなければ自分が損をするのだから、自分から協力することが当たり前だと思えたわけです。

それが、短期的関係を前提にした途端、それぞれが自分の利得のために行動を起こし始めた。だから、相手の行動が予測できない。今まで常識だと思ってきたことが通じない。それが不信感を生む。こんな構造に陥っているのが、今の日本企業であり、日本社会です。

この定義から考えれば、安心感を持たせるには、周囲が思い通りの行動をするような明確なルールが必要であり、そうした行動をとらなければ損をするという状況をつくり出さなければならないということになります。自分から周囲に協力しない人は評価を下げ、給与を下げる。あるいは、周囲に悪影響を及ぼすような行為をしたら、組織から出て行ってもらう。

確かにこうしたルールは、誤った行為をさせない、組織の中での不確実性を排除する仕掛けとして、機能します。しかし、ルールに縛られ、その通り行動しなければならないような集団主義的組織に変えて、そこで働く人たちは幸せになれるのでしょうか。

日本的経営の終焉《しゅうえん》は必ずしも悪いことばかりではありません。それは、個が集団に埋没して、自分の意思を外に伝えることができないという状況を変えてしまいました。個々人が自分の意思を伝えられる、自分の意思で行動を起こせる。だからこそ、個性という輝きを手に入れる人たちも増えてきたと言えます。

だとすると、職場で求める安心感は、ルールに従わなければ損をするという状況に支えられた確実性の確保ではなく、人格を持った個々人が自らの意思でお互いを思いやり、お互いを守ろうという気持ちに支えられたものへと進化していかなければなりません。

正確にはこれは安心ではなく、信頼です。ただ、ここでは、この安心感を得る方法が変わってきたのだと理解したい。つまり、明確なルールのもとに得られる安心感から、相手を信頼することによって得られる安心感に変わっていかなければならない状況になったのだという理解です。

こう考えると、安心は提供されるものではなく、自らが相手を信じることによって獲得するものになってきたのだと言い換えることもできます。

恋愛や結婚も同じですよね。絶対的な安心はない。永遠に続くという保証は何もない。でも相手を信じるという気持ちを持続できるか。そのために、相手をよく知り、相手も自分のことをよく知り、お互いの人格や行動の背景にある意図が理解し合えるか。

この相手を知り、自分も知ってもらい、お互いを信じるという行為が成り立って初めて、安心感というものは手に入るものなのです。

意図への信頼を持てるようにするには

これも『不機嫌な職場』の中で言及しましたが、その人が信頼できるかどうか、自分が何かを提供したら、意図した通りの行動を返してくれる人なのかどうかを知るためには、二つの信頼が必要になります。

一つは、能力に関する信頼です。何かをしたら、返してくれる能力があるということが信じられるかということです。高い技術や専門性を要求されるような仕事であれば、何か返してもらう時に、それができるだけの技術やスキルがあるかないかが重要になります。ですが、何らかの力作業を手伝ったら、自分が大変な時に逆に手伝ってくれたというケースでは、能力と言っても特別な力が必要なわけではありません。労力を提供してもらえれば十分です。あるいは、「ありがとう」とお礼をきちんと言ってくれる能力さえあれば良いのです。普通は、この二つの能力は誰でも持っています。

問題は、意図に関する信頼です。その人が、何かをしたら、ちゃんと返そうとする意図を持っている人なのかということです。自分が思った通りの行動をする人なのか、まったく違う反応が返ってくる人なのか。そこが見えないと、人はその人に自分から協力しようとは思わないものです。

では、どうすれば相手の意図を正しく認識できるのでしょうか。

まず、理解しておかなければならないのは、人は相手の意図を誤解しやすいものだということです。

たとえば、同僚に仕事を依頼したら、今は忙しいからダメだと断られたとします。あなたなら、どう感じるでしょうか。

話もちゃんと聞かずに、忙しいからダメだと言うなんて、人に協力しようという気持ちのない利己的な奴なんだと思いますか。それとも、本当に今忙しいのかもしれない、だったら仕方ないなと思うのか。

その人の状況を日ごろからよく知っていれば、本当にその人が今忙しいのかそうでないのかがわかります。だから、断られても、そうか、仕方がないと思えます。でも、その人の状況がわからなければ、断られた理由が本当なのかどうか疑いたくなってしまいます。

また、その人の人柄や行動特性を日ごろからよく知っていれば、何か頼んだ時に断るような人ではない、しかもあんなに声を荒らげて断ったりするような人ではない、何か本当に大変な状況なのかもしれない、そう思い、むしろ心配になったりします。

つまり、「忙しいからダメ」と断られた事実は同じでも、こちらが相手の状況や相手の人柄、行動特性をどのくらい把握しているかによって、その意図の受け止め方が変わってしまうということです。

特に、人は相手の意図を言葉の意味だけでなく、外見や態度、話し方といった非言語の情報から判断してしまうという特性を理解しておくことも必要です。

若手社員が上司や先輩に相談に行った時に、ちょうど急ぎで処理しないといけない案件があり、パソコンに向かって仕事をしながら受け答えをしたら、その若手社員はどう思うでしょうか。いくら優しく丁寧に答えたとしても、「忙しいのに声かけるな」というメッセージを出しているように受け止めて、ちょっとしたことでも相談しにくくなってしまいます。当たり前のことですが、ちゃんと正面を向いて話を聞くという姿勢がなければ、いくら気持ちではちゃんと聞こうと思っていても、相手には誤解を与えてしまうものなのです。

また、自分自身も相手を見る時に、フィルターを掛けて見ていないかどうか、絶えず意識する必要があります。

毎日、遅くまで残業ばかりしている中堅社員がいます。あなたは、その社員を見て、

「いつも遅くまでよくがんばっているな。きっと、もっと良くしようという意欲が人一倍強い人なんだろう」と見るか、「いつも残業ばかりしていて要領が悪い。中堅なんだから、もっと効率的に仕事ができないのだろうか」と見るか、どちらですか。

毎日、遅くまで残業をしているという事実は変わりません。でも、受け止め方が異なる。それは、自分の経験に基づいて、フィルターを掛けてその事実を見ているからです。

あなた自身がいつでも粘り強く、あきらめずに仕事をしてきた人だったり、あるいはそういった先輩や上司を目の当たりにしてきた人であれば、遅くまで残業している人を見て、よくがんばっているなと思うかもしれません。仕事の質の高い人は、時間を惜しまず働くものだ。残業は、熱心さや責任感の表れだ。こんな見方をしたのではないでしょうか。

逆に、自分自身は要領がよくて効率的に仕事をする人だったり、いつまでもダラダラと非効率的に仕事をするような先輩や同僚にうんざりしてきた人は、仕事ができない人ほどダラダラと仕事をする、残業は非効率性や怠惰の表れだ。そんな厳しい見方をしてしまいがちです。

自分の経験や自分の周りにいた人たちから影響を受けて、自分の中で人に対する凝り固まった見方ができてしまっているかもしれない。人はこういう時には、こんな反応をするものなんだという自分の中にある先入観、決めつけというものがあるかもしれない。何か起きた時に、自分が勝手にフィルターを掛けて相手の意図を解釈していないか、自分に問いかけてみてください。

大切なのは、人は誤解をしやすいもの、誤解されやすいものなのだということを、職場のみんなで共有しておくということです。相手の意図を正しく理解できず、誤解をしてしまうということは当たり前のように起きます。だからこそ、相手をよく知るということ、相手に自分をよく知ってもらうということが、お互いが信頼し合い、安心できる関係になるためには不可欠な行為なのです。

どうすれば、お互いのことをもっと知ることができるか

ドイツ、オランダ、フランスの労働組合の代表者や企業の経営者などを前に、講演する機会があり、日本では不機嫌な職場が増えているという話をしました。非常に面白い議論がいくつかあったのですが、その中の一つで、職場で新しいメンバーが入ってきた時、人事部の人が紹介しながら連れて回ることがあっても、それで終わり。歓迎会もないからいつまでたってもその人とちゃんと話さない。そんな状況におかれた中途社員が増えていて、彼ら自身もうまく職場や他の職場の人とのつながりがつくれず、辞めてしまう人も多

いという話をしました。

すると、何で新しい人が入ってきたら、他の社員からその人に声をかけに行かないのかと不思議がられたのです。

何をやってきた人なのか、どんなことに興味があってこの会社に来たのか、住んでいる場所はどこで、子どもや家族がいる人なのか。彼らの感覚では、新しく来た人が挨拶して回るのではなく、受け入れる側から挨拶に行くのが礼儀だし、いろいろ聞くのは興味あるんだから当たり前でしょうという反応だったのです。

実は引っ越しも同じで、日本では引っ越しをすると、新しく転居してきた方がご近所さんに挨拶をしに行きます。でも、彼らの国では、受け入れる側からようこそと言って挨拶に来るのだそうです。ご近所さんになる人を知りたい。だからこちらから、素直に行くのだそうです。

確かに、どうも日本人は、新しく入ってきた人に対して、こちらから受け入れるという姿勢が足りないように感じます。恥ずかしい、どういう人だかわからない。そう思ってこちらから一歩踏み出せないうちに、なかなか声をかけられなくなって、どんな人だかわからないままになってしまう。新しく入ってきた人たちからすると、ものすごくつらいことではないでしょうか。自分はこの会社に受け入れてもらえるのか、この地域の人たちに受け入れてもらえるのか。

最近は歓迎会すらやらない職場も増えてきています。契約社員やパートの人だと特に、いつまで一緒に仕事をするかわからないし、忙しいからといって、誰からもちゃんと歓迎会をやろうという声が上がってこない。これでは、彼らもいつも疎外感を感じながら、仕事する状態になってしまいます。

まずは、自分たちから相手を知ろうとする、相手に関心を持つ。こんな当たり前のことから始めてみて欲しいのです。

単純に飲み会の場で、自己紹介をしながら、その人の人となりをみんなで知ることから始めてもいいです。どこで生まれて、どんな幼少期を過ごして、学校生活では何に熱中して、どんなことが好きになったのか。大学時代に経験した大きな出来事がなかったか。就職する時には、どんな思いで活動をしていたのか。そして、この会社に入社が決まった時、どう思ったのか。

そんな一人ひとりの経験やそのとき感じた思いや感情を聞き出すことで、その人の人となりが見えてきます。

先にも紹介したように、ジェイフィールの研修の中で、人生の天気図を書いてもらうこともあります。晴れの日、曇りの日、雨の日。特にものすごく快晴だった時の自分に起こった出来事や感情、逆に大雨になった時に自分に起こった出来事や感情を見ていきながら、そこに共通するものを見つけていきます。

何か大きなことを達成すると自分は快晴になれる。やはり人に認められない、人から否定されると、大雨になる。自分よりも周りで何か大きなことが起きたり、元気をなくすようなことがあると、大雨になる。

そんなことを各人が自分の過去とともに話をしていく中で、その人が何に傷つき、何から元気をもらう人なのかが見えてきます。

それから、お互いを知るという意味では、みんなで職場紹介ホームページや職場紹介誌、あるいは職場紹介ボードなどをつくってみるというのも有効な手段です。

サイバーエージェントのように、WEBの社内報を作成して、「私の履歴書」とか「ONとOFF」、「私はあなたのおかげです」、「本モノ」、「私の自慢」などさまざまなテーマで、自己紹介、他者紹介を徹底して行ってみる。

あるいは、職場の仲間の写真を切り貼りして、それぞれこんな人たちですよという紹介文やメッセージを載せて、他の職場の人たちが声をかけやすいように入口にこの紹介ボードを置いてみる。

こんなお互いを知りたい、お互いのことに関心を持つということが自然とできるような、そんな仕掛けを職場のあちこちで起こしてみる。あれ、自分と同じ出身だ、大学同じだったんだ、この人も野球好きなんだ……。こんな発見から、お互いの対話が生まれる。そんなことを日常の当たり前の風景の中に、つくり出してみてください。

私はタバコはもうかなり前から吸わないのですが、今でも喫煙室、タバコ部屋は好きです。他部署の人と自然といろいろな対話ができて、同じ趣味なんだってところから話題が広がって、気づくと仕事の話もしていて、だったらあの人に聞くといいよとかアドバイスがもらえて。何か、自然とお互いのことを理解できる不思議な場所です。なので、私はたまにお灸を持ってタバコ部屋に行きます。煙仲間ということで、ちょっと休憩ということでお灸を持ってお邪魔します。

タバコ部屋に代わる何か新しい自然と対話が生まれる場が必要なんだと思います。サボっていると思われずに、ちょっと休憩と言って堂々と行けるような場所。休憩室でも、リフレッシュ室でも、茶室でも何でもいいので、そんな場所を確保することができないか、みんなで話し合ってみてください。

難しければ、おやつの時間を設けてみる。みんなで三時からの一〇分だけ手を休めて、飲み物を持ち寄り、買い置きしておいたお菓子や出張の土産を囲んで、ちょっとした井戸端会議をしてみる。

実は私が最初に配属された職場では、おやつの時間があり、毎月一〇〇〇円ずつみんなが出し合って、おやつの買い出しに行っていました。そこで先輩たちからいろいろ質問攻めにあったり、私生活のことでいじられたり、先輩たちの仕事の話を聞くのがものすごく楽しく、本当にこんな先輩たちに囲まれてよかったなと感じていました。そんな和やかな時間を一〇分でもいいから、毎日持ってみる。

大切なのは、お互いを知ろうとすること、お互いに関心を持つということが、自然な行為としてできるようにすることです。それが相手の状況や人格、行動特性を理解することにつながり、相手の意図への誤解を極力減らすことにつながっていきます。それどころか、ちょっとでも様子がおかしいと、「どうした、何かあったか」と周りが気づいてくれる。心配して声をかけてくれる。こんな気遣いが自然とできるようになっていきます。

この不確実な社会の中で、どんなことがあっても自分を守ってくれる場所を見つけることは簡単なことではありません。でも、職場の上司や先輩、同僚は自分のことをわかってくれている、いざとなれば助けてくれる、最後は味方になってくれる。こんな感情を持つことができれば、きっと周囲を信頼して、安心して自分の力を出せるようになる。

当たり前だけどなかなかできなくなっている、お互いに関心を持つこと、お互いをよく知ること。まずはこうしたことが、お互いを誤解せず、気持ちよく働くために不可欠であるということを、ぜひ周囲の人たちと共有してください。

ルールではなく、マナーを共有する

ルールで縛ることによって不確実性をなくして安心感を共有するのではなく、お互いをよく知ることで意図への信頼を高め安心感を得ることの方が大切であると述べてきました。確かにルールは罰を与えることで人の行動を制御することができます。でも、それが行き過ぎてしまえば、恐怖を与えてこちらの思い通りにさせているにすぎません。

そこで、最後に一つだけ考えたいのは、ルールではなく、自主的に従うべきマナーを共有することで、お互いの行動の不確実性を減らしていくことができないかということです。お互いがマナーを共有しているからこそ、こういう時にはこうしてくれるだろうという期待が持てる。そんな状態をつくり出せないかということです。

『不機嫌な職場』の中で紹介したヨリタ歯科クリニックには、自分たちで作成した「アワクレド」(Our Credo)というものがあります。自分たちが働く上で、仲間として大切にしたい価値観を二〇項目にまとめたものです。ヨリタ歯科クリニックのホームページにすべて掲載されているので、ぜひ、読んでいただきたいのですが、私は何度読んでも感動してしまいます。その中のいくつかを紹介します。

6

私たちはいつも以下のことを心がけます。

・大きな声で挨拶をします。
・否定的な意見は言いません（前向きに物事を考えます）。
・与えられることではなく、与えることに喜びを感じます。
・他人の批判は言いません。
・フラストレーション、怒りの感情を顔に出したり周りに振りまきません。
・いつも感謝の気持ちを持ちます（ありがとうの一言を添えます）。
・自分の非を認めて、素直に謝ります。
・嫌なことがあっても、プラス発想で解決します。

14

私たちは、異論、感情的な行き違いがある場合には、直接本人に話します。

その際私たちは、円滑なチーム運営をしていくために、言葉遣いに気をつけます。

人の嫌いな面が見えたとき、それは自分の嫌いな面を教えてくれるシグナルです。

あらゆる面でチームメンバーの良い点を見つけ、ねぎらうようにします。

人生は鏡です。そして赦《ゆる》すことと愛することをそこから学びます。

18

私たちはスマイル　アンド　コミュニケーションを大切にします。
笑顔は、楽しいから出るのではありません。
笑顔を作ることで楽しくなるのです。
そしてコミュニケーションは、笑顔のあいさつから始まります。
どんな時でも私たちは、スマイル　アンド　コミュニケーション、
忘れることはありません。

読まれてみて、どのように感じましたか。素敵な言葉だなと思うものがありましたか。

こんなことを大切にしている職場だったら、働いてみたいと思いませんか。

彼らはこの中から一項目を、毎日みんなで読み上げて、本当にそうだなと思った最近の出来事や自分の経験などをコメントする、そんなことをやっています。

ポイントは、ルールではなく、自分たちがここで生きていくために自分たちで大切にし

たいマナーを明確にして共有するということです。そして、本当に一つひとつの場面で、何を重視して判断し、行動すればよいかを共有することです。

あなたも職場のメンバーと、気持ちよく働くために大切にしたい五ヵ条をつくってみてください。ポストイットでアイデアを出し合って、その言葉を分類してみて、みんなが何を大切にしたいと思っているのかを出し合ってみてください。きっと、お互いに同じ思いを持っていることに気づきます。そして、そんな思いを持っている人たちと一緒にいると気づくことで、安心感を得ることができます。ぜひ、トライしてみてください。

② 支え合い感　お互いに助け合っているという気持ち

お互いのことは関心があるし、お互いの状況もある程度わかる。でも、お互いになぜか協力し合おう、助け合おうとする行動が出てこない。自分だけのことで精一杯、余裕がない、忙しいということは確かにあるけれども、このままでは疲弊して、潰れていく人が出てしまう。どうしたらよいのだろうか。

わかっているけれども、協力できない、助け合えない。これが、日本中の不機嫌な職場でよく起こっている現象です。

『不機嫌な職場』の中で、協力し合えない職場に共通している構造的要因を三つあげています。

一つは、タコツボ化です。一人ひとりが自分の仕事だけに閉じこもり、誰とも関わらずに仕事を日々こなしていく。成果主義の導入によって、あなたは何をするのか、あなたの成果は何かと詰められてしまい、個人の成果だけが求められる小さな部屋に閉じ込められてしまったこと。さらにはパーティションに囲まれ、パソコンと電話さえあれば自分だけで完結して仕事ができてしまう環境。こうした状況が、誰と協力するのかという協力の対象を見えなくさせてしまったというのが、第一の要因です。

次の要因は、評判情報が共有されなくなったことです。これは、安心感のところで述べてきたことそのものです。仕事の中での雑談や対話、仕事が終わったあとの飲み会、社員旅行や運動会などのイベント。こうしたものが失われていく中で、お互いのことがわからない、お互いの人となりや行動の背景にある考え方を共有し合う機会がなくなってしまった。その結果、相手の意図が見えなくなり、お互いに踏み込むことができないと感じさせてしまう状況をつくってしまった。これが第二の要因です。

最後の要因は、協力のインセンティブです。これも先ほど述べたこととも関連しますが、そもそも長期的な関係という前提が崩れた中では、すぐに見返りのないことに自ら協力することにはリスクが伴う。もしかしたら、自分だけ知恵や労力を提供して、見返りなく損をしてしまうかもしれない。ならば自分から進んで協力するよりも、見返りが明確な場合だけ協力した方がよい。こんな考え方が広まってしまったのです。本当に協力することが楽しい、そんな状況をつくらなければ、自ら協力しようという気持ちにはならない。

一人ひとりが閉じこもって仕事をする状況から抜け出し、お互いが協力し合うことに意義を感じる状態にならなければ、協力という行動は生まれません。ではどうすれば、協力の意義を理解することができるようになるのでしょうか。

お互いの経験を持ち寄る

あなたの部署では、どのような会議を行っていますか。進捗状況を確認して、今後のスケジュールを確認する。うまくいっていないと、なぜ進まないのかと詰められる。そんな会議になってはいないでしょうか。特に営業系の会議では、受注件数を確認し、未達の人にはプレッシャーをかけることに終始している、人を追い込むだけの会議になっていませんか。

個々人が自力で成果を上げることができるような仕事であれば、進捗管理をして、遅れている人にプレッシャーをかけることで、がんばりを引き出すことはできるかもしれません。ただ、やり方や言い方を間違えれば、その人を追い込んでいるにすぎない。人と比較され、なぜ自分だけが責められるのかと感じさせるような会議は、他の参加者にとっても苦痛で逃げ出したい場になっているかもしれません。

確かに報告のための会議も必要です。でもなぜ、多くの人たちが一堂に会して、個々人の進捗報告を聞かなければならないのか。多くの人たちが集まる意味がどこにあるのだろうか。そこを改めて考えてみてください。

会議は、みんなで一緒にやらなければならないことを相談したり、すり合わせたり、あるいは個々人では解決できないことをみんなに相談して、知恵をもらったりする――本来は、そうしたみんなの力を借りるために実施するものです。でなければ、マネージャーとメンバーが一対一で確認し合えばよい。会議の目的、意義というものが、曖昧になっていて、さまざまな名称の会議に毎日のように参加しなければならず、そのたびに重い空気だけがいつも心に残る、そんな場になっていないでしょうか。

多くの人が一堂に集まる必要があるのは、みんなで大きな仕事をしているからか、お互いの知恵や経験を借りないと各人の仕事がうまくいかないからです。大きなプロジェクトでお互いの進捗を確認しながら、全員で課題を共有して解決策を検討していく。あるいは、一人ひとりで仕事はしているけれども、顧客のニーズの変化やスピードに対応するために他の人の経験や知恵が欲しい。状況によっては、複数で対応した方がもっといい提案ができるかもしれない。こんなときに、人が集まって一緒に話し合うことが必要なのです。

ではどうすればいいのでしょうか。

一つは、困ったことをお互いに持ち寄る会議、あるいは会議の中に必ずそうした時間をつくることです。

特に、お互いに忙しくてなかなか声もかけられない、声をかけようにも職場に先輩がいない、こんな職場であるほど、自分でどうにかしなければと抱え込んでしまう人が増えます。そして、責任感が強い人ほど、深夜残業や休日出勤をしてでも自力でなんとかしようと必死になる。でも、このままにしていたら、その人は潰れてしまうかもしれない。あるいは自分のなかでコントロールできなくなって、ミスをしてしまうかもしれない。お客さんの立場でも、もっといい提案がないのか、もっとうまくできないのかと思っても、担当者がいつも頭を抱えて、深刻な表情で現れたら、これは無理だなと思ってしまうかもしれない。

やはり、一人で行う仕事でも、一人で抱え込んで、一人で悩んで、一人で潰れていく——そんな状況はつくってはいけない。

だから、会議の場でお互いに困ったことがあれば持ち寄る。そこで上司だけでなく先輩や同僚、あるいは後輩からも知恵を借りる。お客さんに良いものを提供しようとしたら、もっといい方法はないかを考えるのは当たり前。ただ、それを経験が少ない若手メンバーが一人で頭を抱え込んでも出てこない。ならば、みんなの経験を持ち寄ってみよう。

お客さんが無理な要求をしてきたときに、どう答えたらいいのだろうか。お客さんがなかなか決断してくれない。最後のひと押しで何をしたらいいのだろうか。他部署との調整がうまくいかない。彼らとどんな順番で議論すれば、合意を得やすくなるのだろうか。

日々の仕事とは、こうした問題を一つひとつクリアしていくことです。若手社員や中途社員、契約社員など、経験の少ない人たちが自分で考えていても、時間ばかりかかってしまって良い答えが出てこない。社内の人脈が少ないがゆえに、誰に相談したらいいかわからない。みんなの知恵と経験、人脈を持ち寄ることで、スピーディにしかも良い答えを見つけ出せる。そして、このプロセスを通じて、お互いの知恵や経験から学んでいくことができる。会議をそんな場に変えていくことが必要なのではないでしょうか。

ここで気をつけないといけないのは、先輩や上司がそんなこともわからないのかと説教を始めたり、自分で考えろと突き放したり、相談するのはできない奴らだという意識を持ったりしてはいけないということです。そんなことをしてしまったら、誰も相談できなくなる。下手な相談をして、できない奴だと思われたらどうしよう。そんな気持ちになったら、誰も困っていることを素直に言えなくなる。だから、ちょっとしたことでも、困っていることがあったら言ってみよう。先輩後輩関係なく、ベテランの社員でもみんなの知恵や経験を借りたいことは、相談してみよう。そんなことを最初に明確に確認し共有することが必要です。

最初は少し遊び感覚でやってみても良い。〝困っていること相談会〟と称して、一人ひとりが相談カードを書いて、司会者が読み上げてみんなで応えていく。そんなところから始めてみる。

仕事のテーマだけでなく、私生活や最近困った出来事を話す時間をつくってみても良い。お互いに知っておいて欲しい、家族の問題や健康問題についても、お互いに気遣いできたり、助け合えることがあるかもしれない。同じような問題に直面している人もいるかもしれません。私生活で抱えている問題も大きくなれば仕事に影響します。だから、プライベートのことでも、みんなに知ってもらうことも、実は大切なことなのです。

みんなが真剣に一人ひとりの抱えている問題に耳を傾け、そして一緒に悩み、お互いの知恵や経験を持ち寄り、一緒に解決していく。こんな時間を共有することが、自分は誰かに支えられている、助けてもらっているという「支え合い感」を共有することにつながっていきます。だからこそ、お互いに対して、優しく、思いやりのある対話ができるようになる。お互いを支え合うための会議、一度、やってみませんか。

マネージャー同士の助け合いネットワークをつくる

お互いの知恵や経験を必要としているのは、マネージャーの人たちも同じです。特に今、多くの組織ではバブル崩壊以降、後輩が入社することなく、十分な人材育成経験もなく、グループ会社や小さな部署でのマネジメント経験がないまま、突然、マネージャーという立場になった人たちが数多くいます。彼らの多くは、経験不足による不安が大きく、自分が何をしたらよいのか迷っている人たちもいます。

若手社員や中堅社員からすると、マネージャーなんだからもっとしっかりして欲しい、もっと明確に方針を示して欲しい、的確に判断して欲しい、一人ひとりの成長フェーズに合った仕事の与え方や育成の仕方を考えて欲しい。そう思うかもしれません。

でも、彼らもあなたと同じなんです。マネージャーという新しい仕事の中で、身近な手本もいないまま、自分で考えなさい、自力でがんばりなさいといわれ、追い込まれている。そういった人たちです。彼らこそ、支え合い感が必要なのです。

ではどうすればよいのか。一つは、マネージャー同士の助け合いネットワークをつくることです。

ジェイフィールでは、カナダのマギル大学のヘンリー・ミンツバーグ教授が開発した「コーチング・アワセルブズ」というプログラムを日本に導入しています。日本では、「リフレクション・ラウンドテーブル」という名称で、日本企業に合うプログラムに内容を修正して、提供しています。実はこれが、マネージャーの助け合いネットワークづくりを行っていくプログラムです。

毎週一回、朝の七五分、マネージャーが集まってきて、毎週違うテーマについてお互いの経験を持ち寄り、お互いの経験から学んでいきます。自分を知る、組織を知る、視野を広げる、人を知る、変革を進めるという五つのモジュールに分かれていて、三〇回のセッションを繰り返していきます。自分を振り返る内省の仕方を共有したり、自分のマネジメントスタイルを考えてみたり、組織の中にある見えない壁をどう越えるか、その経験を持ち寄ったり、日本人のDNAや日本人が大切にしてきたものというテーマで自分たちを見つめ直したり、他者認知と態度形成、モチベーションの源泉、場のマネジメント、学習する組織など、さまざまなテーマで自分たちを見つめ直し、経験を持ち寄り、その本質を学んでいこうというプログラムです。

この中で毎回、最初の一五分はマネジメント・ハプニングスといって、その一週間の中で起こったちょっとした出来事を持ち寄ります。その場では忙しくてそのまま流してしまった出来事でも、ちょっと気になっていたこと。そんな出来事から自分が感じたことをシェアしていくというものです。部下がミスを犯して思わず強い口調で叱ってしまった。でも、彼は普段単純なミスをする人ではないのに、なぜ、そんなミスをしたのかちゃんと考えなかった。もしかしたら、最近元気がないし、何か心配ごとがあったのだろうか。こんなときに、どう注意したらよかったのだろうか。

こんな風に、日々のマネジメントの中で部下や上司、顧客と向き合い、そこで感じたこと、起こったことを共有していきます。そして、そのとき感じたこと、そして今感じていることを内省していくのです。これに対して、お互いが経験を持ち寄る。自分も同じような経験があったよ。そのときこんな言い方をしたら、自分は失敗してしまった。そんな失敗体験も成功体験もお互いに話してみる。そこから、お互いにヒントを得ていく。こんなやり取りです。

マネジメントとはこういうものだという答えを出して、それを持ち帰るというものではありません。マネジメントとはセオリー通りにやればいいというものではない、むしろ、日々の一つひとつの経験から部下を知り、周囲を知り、自分を知っていくこと、これが、マネジメントする力をつけてくれます。

このプログラムを実施していて、本当に素晴らしいなと思うのは、共感してもらえる仲間に出会うことで、参加者の心がだんだん解放されてきて、そしてマネージャーという仕事がだんだん好きになっていく姿を目にすることです。

やはり、マネージャーという仕事は孤独なのです。上司から詰められ、部下にはもっとしっかりして欲しいと思われ、そうした中で、自分だけの力でどうにかしようと思っても、自分の仕事や管理業務に追われて現状で精一杯です。そんな状況で苦しんでいるんだということを本当にわかってくれる人が身近にいない。これではさすがに潰れてしまう人が出てしまいます。

同じような状況の中で、つらいと思いながらも、がんばっている人たちがいる。そして、回を重ねる中で、ちょっとした部下との向き合い方を変えてみたら、部下から今度、飲みに連れていってくださいと言われた、メンバーから誕生日プレゼントをもらったんだなんて話を聞くと、自分のことのようにうれしくなる。そんな共感の連鎖が生まれ、同志になっていく。そして、気づくとお互いに支え合っているという実感が生まれてくる。

以前なら、同期のメンバーで集まれば、そんな気持ちになれたのかもしれない。でも、今は同期の中にもマネージャーになれない人も増えてきた、中途社員も多い。同期のつながりも弱くなってきた。だからこそ、こうした横のつながりを意図的につくっていく必要があります。

まずは、自分の同期を中心に、知り合いを集めて、定期的にお互いの悩みや経験を持ち寄る場をつくることから始めてもいい。大切なのは、同じことに苦しみながらも前を向いて進んでいける仲間がいること。そんなつながりをつくることです。

支え合い感は、困ったとき、悩んだときに、お互いの知恵や経験を持ち寄り、一緒に考えてくれる仲間ができたとき、実感できるものです。ぜひ、そんな仲間の輪を広げていく活動を仕掛けてみてください。

③認め合い感　自分は必要とされているんだという気持ち

お互いのことがよくわかり、安心感が共有できれば、自分から関わっていくことができるようになります。そして、実際にお互いが知恵や経験を持ち寄って、助け合っていけば、支え合い感を実感していくことができるようになります。

でも、職場をあたたかい感情で満たしていくためには、もう一つ大切な感情があります。それが「認め合い感」です。

誰からも、「ありがとう」と感謝されたり、「すごいね」と褒められることがなかったら、あなたは自分に自信が持てるでしょうか。確かに自分としては良い仕事をしていると思っていても、どこかで自分は必要とされているのか、自分は存在価値があるのか、そう悩んでしまうものなのではないでしょうか。

人はいつでも、自分の存在に悩まされます。自分は何のために存在しているのか。自分には存在価値があるのか。

その答えを自分の中で探そうと思っても見つからない。自分は誰にも必要とされていない。自分がいなくなっても誰も困らない。そんなサイクルに入り出すと、自分だけでは抜け出せなくなります。

あなたと出会えてよかった、あなたがいてくれてよかった。そんな言葉をかけてもらえることで、自分を肯定できる。自分が存在していても良いと思える。人というのはそんな弱い存在なのだと思います。

職場の仲間は、自分にとってどんな存在なのだろうか

家族というのは、そんな自分の存在を肯定してくれる大切な人たちです。最初に自分の存在を肯定してくれるのは親です。親が子どもにどれだけその存在を大切に思っているかを言葉や態度で伝えたかが、その子の自己肯定感の土台をつくっていきます。幼児期に親がどのくらい抱きしめてくれたか、生まれてきてくれてありがとうという言葉をかけたか。それが、その子にとって大きな自信の土台になっていきます。

そして自分が成長し、ひとり立ちをして、今度は結婚をして、子どもを産んで、お互いを必要としている人たちがまた集まり、お互いを支え合う。これが家族です。

人は、一人だけでは生きていくことはできない。だから家族をつくるのではないでしょうか。

でも、今はこうした家族という土台が崩れてきています。家族の中でもお互いに必要としているという言葉や態度をうまく伝えられない。お互いの気持ちが見えなくなり、家族の中でも孤独を感じる。そんな人たちが増えています。同時に、家族をつくるということ自体がなかなか難しい状況にもなってきています。

こうした社会に生きている私たちにとって、職場の仲間とはどのような存在なのでしょうか。人生の中で家族に次いで、あるいは家族以上に同じ時間を過ごす人たちです。その人たちはあなたにとって、どのような存在でしょうか。

私はもう一つの家族なんだと思います。一人ひとりではできないことをみんなで集まって、成し遂げようとする。そして、お互いがお互いの力を必要とし、お互いの存在を認め合い、感謝し合える。自分という存在を受け入れ、自分の存在を肯定してくれる。職場の仲間はそんな大切な存在なのではないかと思います。

別にベタベタした家族になる必要はありません。家族だったら何でも許されるとか、そういった甘いものでもありません。

でも、部下を自分の家族だと思えば、危ないことをしたら本気で怒れる。成長したら、心からうれしいと思う。つらい思いをしたら励ましてやりたいと思い、何か大きな問題を起こしても最後は味方になってやろうと思う。そんな気持ちを持てるようになるのだと思います。家族だと思うことで、一人ひとりを大切な存在として思うことができるようになる。

まずは一度、自分たちの職場を家族に見立てて、議論をしてみてください。職場にもいろんな人がいます。厳しいけれど最後は守ってくれるお父さん、普段はうるさいけれど優しいお母さん、やんちゃでいつでも夢ばかり追いかけているお兄ちゃん、しっかりもので世話好きなお姉ちゃん。他にも、ちょっと年はとっていて頑固だけれど優しいおじいちゃんがいたり、生活の知恵袋のようなおばあちゃんもいたり。職場のメンバーをそんな家族に見立ててみたら、一人ひとりがこの職場の中でどんな存在なのかが見えてきます。

家族でなくとも、何らかのチームに見立ててもいいかもしれません。私は野球が大好きなので、ジェイフィールのメンバーを野球チームに見立てて、打順とポジションを組んで、目指す選手も決めて、みんなとワイワイ、ああでもないこうでもないと話をしたことがあります。

物忘れが激しいけれど、いつもフルスイング、チャンスにめっぽう強い重光さんは、三番サード長嶋茂雄だよなとか、いろんなアイデアが湧いてきて、意外性のあることをやってくれる河合さんは『ドカベン』の二番セカンド殿馬一人だよなとか、いつでも熱血直球勝負、土壇場でも強気に投げ込む私は九番ピッチャー津田恒実だよなとか。何か、みんなが自分の好きな選手と絡めながら、一人ひとりがどんな存在なのかを発見していく、そんなきっかけになります。

職場の仲間は、あなたにとってどんな存在なのか。職場全体を大きな家族やチームと見た時、そこにいる一人ひとりはどんな存在なのか。ぜひ、そんなところから話をしてみてください。きっと、自分がこの職場でどんな存在なのか、自分という存在を確認することができます。

頼りにしています、感謝しています

あなたを必要としている、あなたに感謝している。こういう思いをどう伝えれば良いのでしょうか。

まずは、その人の仕事をきちんと認めることが大事です。

良い仕事をしたなと思ったら、『不機嫌な職場』でも紹介した美容室のバグジーでやっているように、昨日のヒーローといって翌朝みんなの前でみんなで褒める。大成功をしたらそんな成功物語やお客さんからの感謝の言葉などを記事にして社内報に載せる。サイバーエージェントのように大きなポスターにして社内中に貼り出す。

さまざまな方法があると思います。大切なのは、良いことはすぐに褒めること、そしてみんなの前で褒めること。この二つを徹底することです。

たとえば、表彰制度にして大きなイベントの際にみんなの前で褒めることも一つの方法です。こんなにがんばった人がいるんだ、こんな大きな成果を上げた人がいるんだ。良い仕事をした人をみんなで一緒にたたえよう、誇りに思おう。そんなムードをつくって、他の人の成果や良い仕事をみんなが自分のことのように喜ぶ。そんなイベントにして褒めることも大切です。

ただし、高い業績を上げた上位者に金一封を与えて、賞金が欲しければ、あなたたちも高い成果を出しなさいというような表彰制度ではダメです。自分には無理だというあきらめ感やあいつだけがなぜいつも選ばれるんだというねたみ、嫉妬心を生んでしまいます。人の成果を自分のことのように喜べる、そんな雰囲気づくりが必要です。

そしてもう一つ考えたいのは、どんな仕事やどんな人が褒められるのかということです。大きな成果を上げた人が褒められるのは、それはみんなも納得でしょう。でも、それは成果を褒めたいのではなく、成果にいたる過程でその人がどれだけ努力をしたのか、がんばったのかを褒めたい。同時に、その成果を上げるために協力してくれた人たちへの感謝の気持ちを伝えたい。この気持ちが大切です。

また、目立った成果を上げてはいないけれども、実は組織の中で本当にみんなから感謝される存在になっている人もいます。

・みんながやりたがらない仕事を率先してやってくれる人
・トラブルがあったり、問題があると周囲と調整して解決してくれる人
・あの人に聞けば、社内のいろんなことを教えてくれる人
・いつも気配りをして、声をかけてくれる人
・職場が暗いといつも元気を振りまいて、みんなを明るくしてくれる人

職場には、こんな素敵な人たちがいます。みんなが本当に頼りにしているんだ、あなたがいるからみんなが元気に働けるんだよって、みんなでお礼をする。そんなメッセージを伝えることが大切です。

全社での大きな表彰の場でなくても、職場単位でもいい。自分たちの中で、この人にお

世話になりました、この人に感謝しています。そんな人をみんなで投票して、表彰する。

大切なのは、できるだけ多くの人、いやすべての人が自分はここにいて役に立っているんだ、自分は必要とされているんだという実感が持てるということです。自分の業績を上げることも大切ですが、他の人の業績を上げることに貢献することも大切。そして何より、顧客や職場の仲間から感謝されるような仕事をすることが大切。そんな価値観をみんなで共有することです。

人の良い面を見つける

もっとも、みんなに感謝されている人、頼りにされている人を選んで、みんなの前で褒めるという行為は、人によってはかなりきつい行為です。いつまでたっても選ばれなければ、自分は感謝されていないのではないか、頼りにされていないのではないかと思う。実際には小さな感謝を積み上げている人も、自分のやっていることはたいしたことではないと卑下してしまう。

だからこそみんなに必要とされるように、もっと自分の能力を高めよう、もっと自分から周りに貢献しよう、そんな気持ちになるような仕組みをつくることも大切です。

たとえば上司と部下との間でキャリア面談や評価面談の中で、一人ひとりの良いところをどう伸ばすかを考える。職場の中でどんな存在になりたいか、どんな存在になって欲しいかをすり合わせ、各人が自分のテーマや課題を持つ。上司や先輩が支援しながら、その人がみんなにとって必要とされる存在になれるようにバックアップしていく。新人だけでなく、中堅社員、マネージャーなど、自分がどういう存在になればよいのか見失っている人には、一緒に考えて、自分の存在定義をするお手伝いをして欲しい。

ただ、課題を明確にして、その解決策を考え、実行するという形でなくとも、もっと自然に自分の価値の出し方が見えてきて、周りに必要とされる存在になっていける方法があります。

それは、お互いに対して、感謝していること、すごいなと思っていることだけをフィードバックするという方法です。この一年間で、あなたにこうしてもらったことが一番うれしかった、あなたのこんながんばりがすごいと思った。そんな言葉をみんなで寄せ書きにして、お互いに渡す。お互いが相手の良いところを見つけ合って、伝え合う。そんなことをやってみていただきたいのです。

これもジェイフィールの忘年会でやったのですが、メンバーの一員として一緒にやってもらっている外部パートナーやバイトをしてくれた学生さん、合わせて一五名で、宴会の終盤でお互いに色紙を回しながら、感謝していること、すごいなと思っていることを書き合いました。短い時間でも、その人のことだけを考えて、その人にメッセージを送ることは、ものすごく大切なことだと思います。日ごろ口に出せないようなちょっとした感謝、そんなことを文字にして渡すことを、ぜひやってみてください。

一つは、素直に自分はこう思われているんだという発見があります。小さなことでもちゃんと見てくれている人がいたんだと思うとうれしくなります。自信になり、またがんばろうという勇気がもらえます。逆に、自分が思っていたことと違うことが書かれていると、素直にこんな見方をしてくれる人がいるんだとうれしく思うこともあるし、何か自分が誤解されているかもしれない、どうもうまくみんなに自分を伝えられていないんじゃないか。そんな風にも思います。

また、あたりさわりのない褒め言葉しか書かれていなければ、もしかしたら、すごいなとは思われているけれど、みんなにとっては遠い存在なのかもしれない。関わりがちゃんと持てていなかったのかもしれないという気づきにもなります。

逆に、自分が一人ひとりのことをどこまで書けるのかをチェックしてみてください。具体的なことが書けなかった人とは、ちゃんと一緒に仕事をしていなかったり、自分から関わろうとしていなくて、その人のことがよくわかっていなかったりするのかもしれません。

それが特定の人だけでなく、ほとんどすべての人に何を書いていいのかわからなかったら、そういう人は、自分のことだけで精一杯で、周囲の人に関わることも、気を配る余裕もなかったのかもしれません。

相手の良いことを見つけて、伝え合うという行為は、実は自分が周りの人たちとこの一年、どう関わってきたかを再確認することにもなります。そこで、一人ひとりの良い面を見つけることができなかったら、自分の仕事をどんなにがんばってやっていたとしても、周りの仲間とは向き合えていなかったということかもしれません。

一人ひとりのことを考え、その人に何を伝えたいか。ぜひ、考えてみてください。そして、一人ひとりと自分はどう向き合っているのか、振り返ってみてください。きっと、自分の足りないところや、自分の人との関わり方が、見えてくると思います。

認め合い、褒め合うことで、お互いが成長する

認め合い、褒め合うことは、最初は気恥ずかしいことだと思います。だから、言葉にするよりも手紙にしたり、ちょっとした文章にした方が、自分の正直な気持ちが伝えられるかもしれません。

でも、自分がどう思われているのかわからない、必要とされているのかいないのかもわからない、そんな不安を抱えて、自分だけで仕事をしている状態が続いたら、どんな人でも参ってしまいます。

自分が認めて欲しい、褒めて欲しいと思っているなら、まずは自分がそうしたことができる人間にならなければなりません。人の良い面を見つけて、その人が元気に前向きになり、もっとがんばろうという気持ちになる。そんなお手伝いをお互いにし合う。それが、良い組織感情の連鎖を生んでいきます。

人は自分に自信が持てるような存在になろうとして、日々もがいているのだと思います。それを応援するのは、職場の仲間なのではないでしょうか。うまく成果が上がらなくて折れそうな人も、でもよくがんばってるよ、あそこで手伝ってくれたからうまくいったんだ、ありがとうと言われることで、前向きな気持ちを取り戻せる。

誰ひとり、自分はダメだと思って潰れていくような人は出したくない。厳しい指摘をすることもある。でもそれは、その人に本当に育って欲しいから、その人が本当に自分は必要とされているんだっていう気持ちになって欲しいから。だからこそ、後ろ向きになり、あきらめようとしている人がいたら、本気で怒れるんだと思います。

そのくらい、みんなに踏み込んでみる。そんなことを、最初は遊び感覚でもいいので、楽しく、前向きにトライしてみてください。

3　ギスギス感情を変えたい

「ギスギス感情」と「冷え冷え感情」は、「イキイキ感情」と「あたたか感情」を引き出すことで、減らしていくというのが基本的な考え方です。特に最初は、あたたか感情を取り戻すことが大切です。

ただ、これらの感情があまりに大きすぎてしまっては、あたたか感情を引き出すことが難しくなります。

そこで、ギスギス感情、冷え冷え感情があまりに大きくなっている時に、何から手をつければよいのか考えていきたいと思います。

良い緊張感、悪い緊張感

緊張感は「ギスギス感情」の出発点です。過度なプレッシャーは人を追い込み、ストレスを増大させます。そしてそのストレスが強くなりすぎると、心や身体が悲鳴をあげ、急に動かなくなってしまいます。そういう意味では、緊張感が高すぎる状態は、危険な状態です。

ただ、緊張感のない状態というのは、あまりないと思いますし、それが決して良い状態とも言えません。顧客に対して、強い責任感を持って、期日までに求められている成果を出そうと思えば、必然的に緊張感は高まります。こういった緊張感は必要なものです。

問題は、お客さんのためにどうにかしなければという緊張感ではなく、質の悪い緊張感が広まっていないかということです。

とにかく自分の成果を上げなければならない、何をしてでも数字を上げなければ認められない。社長や上司が、頻繁にこれをやれ、あれをやれと指示をして、毎日のようにできていないと怒られる。今、なぜそれを優先的にやるべきなのか、まったくわからない。なのに、強い口調で追い詰められ言うことを聞くしかない。

さらに一番良くないのは、不正とまでいかなくても、個人の良心に反することを会社が強いているケースです。お客さんに対して誠実ではない、いい加減なやり方をしているとわかっていながら、それに異議を唱えることができない。

こんな自分の裁量では解決できない、自分の力ではどうにもできない強い緊張感がかかってしまうと、人はどんどん内側に向いていきます。ストレスを抱え込んでいきます。

みんなの苛立ちがお互いにぶつかり合い、やがてその原因をつくっている最も身近にある対象への不信感が高まり、その人を攻撃し始める、排除しようとする。それができなければ、みんなで落ち込み、あきらめ感が広がっていく。

理不尽なプレッシャーに押しつぶされないためには

実際に、私が支援していた人事のプロジェクトでこんなことが起きました。

その会社はオーナー社長の権限が極めて強い。だから、その社長がノーと言えば何もできないし、逆に、現場の動きに関係なく、社長の関心でいろいろな指示が降ってくる。そのたびに、現場が資料を準備しなければならず、新しい仕事が増えてしまい、疲弊していく。そんな状況でした。

この社長の強いリーダーシップが会社を成長させてきたのですが、こうしたやり取りが長く続きすぎてしまったせいで、役員や部長クラスの中に異論を唱える人もいない。部長も一緒になって、社長が言うから仕方ないだろう、とにかくやれと現場に指示するだけ。これでは、現場も耐えられない。こんな状況が続いていたのです。

そうしたとき、人事制度改革のプロジェクトが立ち上がり、人事部を中心にメンバーが編成されました。若手も入り、みんなで議論を重ねる。その間に、社長にもヒアリングを行い、調査報告を行い、方向性を伝え、承認を得て、これでいけると思い、最終報告を行った。この間の報告でも、かなり厳しいやり取りがあり、ものすごいプレッシャーを感じながらもどうにか乗り切ってきた。ところが九ヵ月近くの検討を経た最終報告会になって、社長から、これではまったくダメだ、もっと大きな視点で考えろと、今までの議論とはまったく違う角度から、指摘を受けてしまう。

確かに社長の指摘の意図はわかるが、いきなり盆をひっくり返された形になり、議論が振り出しに戻ってしまったのです。

その間、部門の運営の中でも、他にもいろいろな指示に振り回され、部長もそのたびに違う指示をしてくるということで、メンバーの不満は頂点に達していました。苛立つメンバーの中には、言葉を荒らげ、会社や部長を批判し、仲間に対してもその苛立ちをぶつけ、もうこんなことをやっていても無駄だと席を立つ者もいました。

おそらく、自分たちの力ではどうにもならない強いプレッシャーの中で、自分たちがやっていることの無力さを痛感していたのだと思います。まさに部署全体が崩壊するのではないか。そんな危ない状況にまで来ていました。

これではいけないと、実質的なリーダーであった課長と相談して、本当は自分たちは何をしたいのか、誰に何をして、どう喜んでもらいたいのか、その原点から話をしようということにしました。

一人ひとりが、人事の仕事、人事制度改革の仕事を通じて、誰にどんな喜びを提供していきたいのか。自分たちは、この会社の中でどんな存在になっていきたいのか。そのために、何に優先的に取り組みたいのか。そんな議論をしました。

自分たちと同じように、追い詰められて、苦しんでいる社員が、それでも前向きにがんばっていこうと思えるようにしたい。何か困ったことがあったら、いつでも相談にきてくれる、社内の駆け込み寺になりたい。同期の仲間が辞めない、大変だけどがんばるよと言ってもらえる、そんな会社にしたい。こんな思いが出てきました。

そうしたら、どこから手をつけたらいいかが見えてきました。現場に行こう。現場の人たちが本当に望んでいることをもう一度、聞きに行こう。そして、これだけはやろうというものをちゃんと見つけてこよう。そう思って、彼らが現場回りを始めました。私も一緒に参加して、多くの人たちを集めて、今の人事制度の問題点、職場の状況、社員がもっと前向きに働けるためにどんな支援が必要かを、改めて徹底して聞きまわりました。

こんな活動をしていく中で、メンバーの中に確実に思いが芽生えたようです。最後は、自分たちの言葉で提案をまとめ、社長にも、若手が中心になり自分たちで説明をして、どうにか承認を得ることができました。このプロセスの中でも、何度も否定やまったく違う角度からの意見に振り回されそうになりましたが、彼らの気持ちや考え方はブレませんでした。

最後に彼らから、もう大丈夫です、あとは自分たちの力でがんばりますと言われたときは、心からうれしいと思いました。彼らは自分たちの力ではどうにもならないと思っていた緊張感と向き合う方法を身につけたんだと思いました。

職場全体でコーピング力を高めよう

良い仕事をしたい、お客さんのためになることをしたいという気持ちから、自分に厳しくなることは大切なことです。仕事にこだわりを持ち、最後まであきらめずにやりきる気持ちが、組織全体で共有されていないと、仕事に甘えが出たり、少しでも難しい問題に直面すると逃げてしまう。そんなことが起きてしまいます。だから、仕事に厳しくあることは大切です。

ただ、何が良い仕事なのか、何を最優先すべきなのかが明確でない中で、成果が出ていない、これは意味がない、もっとやれ、これもやれと、人にプレッシャーをかけて追い込む行為は、間違っています。それでは、人はついてきません。

それでも組織人として生活をしていれば、理不尽な指示に振り回されることはたくさんあります。そのときに、自分だけで抱え込まないで欲しい。自分の中でそういうものだと思って耐えることだけはしないで欲しいのです。いつか耐えきれなくなって、潰れてしまいます。

自分の裁量でどうにもならない強いプレッシャーに押し潰されそうになったら、「助けて」と声をあげてください。

ストレッサー（ストレスをかけている要因）に対処することを、「コーピング」といいます。その対処法は大きく「積極的コーピング」と「消極的コーピング」に分けられます。

消極的コーピングには、ストレスを受けて「耐える」、受け流して「逃げる」の二つがあり、積極的コーピングには、自らストレッサーに働きかけて「解決する」か、誰かの「助けを呼ぶ」の二つがあります。

自分で解決できる人は、ストレッサーを取り除くように、上司や周囲と話し合ってみてください。あくまで冷静に、今の状況の問題点をきちんとぶつけて、解決策を提案してください。

しかし、先ほどの例のようにストレッサーがあまりに強力すぎたら、自分だけで働きかける勇気も行動も起こせないと思います。そこで一人ひとりが耐えてしまったり、逃げてしまったら、一時的にはストレスは軽減できても、どこかで潰れます。だから、こういう場合はまずは、お互いに助けてくださいと声をあげて欲しいのです。

そして、お互いがつらい、という思いを共有しながら、全員でそのストレスと向き合う方法を見つけてください。ある意味、うまく受け流しながらも、自分たちが曲げてはならないものはちゃんと追求する。

そこで優先度を決めたら、相手の特徴を考えたコミュニケーションを行う。いろんなことは言うけれど、関心がころころ変わる人であれば、少し放っておけば、状況は変わります。それでもよく覚えている人には、その人がその中でも何を重視しているのか、を見つけ出してください。ここさえ押さえておけば大丈夫というポイントがあるはずです。そんな方法論を自分たちで見つけてみてください。

相手を変えるのではなく、自分たちの見方を変える

ただ、この事例では、解決できていない問題があります。たとえば、ストレッサーである社長は結局、変わらないということです。

実は、これはものすごく大切なことです。うつ病や適応障害は、相手や環境が自分の思い通りにならないことから、始まります。なぜ自分がうまくできないんだ、なぜあの人は自分を苦しめるようなことをするのか。緊張感は自分へのイライラ感に変わり、周囲への不信感へと広がっていきます。

責任感の強い人ほど、期日までにきちんとやりきることは当たり前だ、絶えず良い仕事をするためには最善の準備をすることが必要だ、上司が一番責任を持つことが必要だ、そう思っています。それは正しいことだと思います。

でも、その通りに行動してくれない人たちはたくさんいるのです。明らかに間違っていても、当たり前のようにそうした行動をとる人はいるのです。

その人たちに、間違っていると突きつけても、なかなか変わってくれません。仕事にいい加減な人だったり、周りを振り回す人だったり。そういう人に出くわすと、それがイライラ感や不信感を増大させます。

きちんと向き合って話すことは大切です。積極的コーピングを図ることは必要です。その人自身が追い込まれているから、周りに高圧的な態度をとったり、いい加減な態度をとって逃げようとしていたりするのかもしれません。本当にその人がどうして、そういう行動をとってしまうのか、その背景をきちんと聞いてみることは必要です。

そうした人は多くの場合、自分が認められていない、自分の存在価値が見えないと思った瞬間があり、そこから歯車がくるってしまった、そんな原因があります。だから、虚勢を張っていることも本当は苦しい。あるいは目立たないように隠れていることも、本当はつらい。でも、抜け出せなくなっています。だから、そういう人には、無理しなくていいんだよ、大丈夫だからと言ってあげたい。味方になって、その人が勇気を持って一歩踏み出せるように、助けてあげて欲しい。そう思います。

ただ、一〇人に向き合ってみて、それでも一人、二人は、どうしても自分とは合わない、根底に持っている人に対する姿勢が違う、そう思う人にも出会います。そうしたら、無理して相手を変えようとしても、こちらが潰れます。

なぜ、この人はこんなこともわからないんだと相手を責め、批判的な言葉を言い、排除しようとする。こうなると、自分から思いっきりネガティブなエネルギーが出てきます。それは周りにも連鎖し始め、職場全体がものすごく否定的な感情を持つようになります。同時に、特定の人を批判することで、自分だけすっきりしているような人たちもいるようですが、本当はそんなことを繰り返し言っている自分たちのことも嫌になるはずです。

相手を無理に変えようとしてもダメ、批判的なことを裏で言っていても言っている自分たちが嫌になる。こんな状況になっていたら、どうすればよいのか。

それは自分たちの見方を変えることです。先ほどの事例もまさにそうです。社長を変えようと思ってもそれは難しい。かといって、会社批判や社長批判をしていても何も変わらない。ならばどうするか。

自分たちが何を大切にしたいのか、それを決めることです。顧客にとっての幸せを最優先したいのなら、それだけを見て、自分たちはその軸をブレさせずに議論をする、行動を起こす。絶えず、「それってお客さんのためになるのかな」という言葉が行き交う。そんな状況をつくってしまうことです。

ブレない相手には、そうは簡単に入り込めない。それも個人ではなく、職場全体がそういうモードになれば、相手もそれに反する行動がとりにくくなる。

相手を変えようとするのではなく、自分の見方を変える、自分たちの見方を変える。自分たちの心が病んでいかないために、自分たちの心を守るために、自分たちが大切にし続けるものをきちんと決めてください。

4　冷え冷え感情を変えたい

最後に、「冷え冷え感情」の変え方についても、見ていきましょう。

お互いが苛立ち、ギスギスした感情がぶつかり合っている間は、まだどうにかなります。ところがこれが行き過ぎてしまうと、お互いにぶつかり合うことに疲れていきます。

そして、そういう姿を見ている周囲の人たちも、関わることを拒絶し始めます。こうなると、お互いに関わり合えない、関心を持つこともできない、冷え冷え職場になっていきます。

こうした表立った対立がなくとも、一人ひとりがタコツボに入り込み、お互いのことが見えなくなる中で、誰も助けてくれない、協力してくれない、こんな感情が蔓延し、冷え冷え職場になってしまいます。

安心感の項でも説明したように、自分の生命、生存に関わる変化が起きたとき、人は不安になります。この不安な状態が続くと、落ち込むという状態になっていきます。自分はダメだ、この先はないかもしれない。沈滞感や停滞感です。それでももがいていることをやめなければ、日々の行動は起こしているのですが、それも無駄だと思うと、もう行動を起こさなくなる。これがあきらめ感です。

あきらめ感が蔓延してしまうと、お互いに関わることをやめてしまう。ひきこもり感情が強くなる。こうなると、自分たちの職場を自分たちでどうにかしようとする力がなくなります。これは厄介です。

こうなったとき、どうすればよいのか。率直に言って、関わりを媒介する第三者の助けが必要になります。

負の感情の連鎖を断ち切る

ある会社で、マネージャーが次々に交代せざるを得ない状況になってしまいました。マネージャーが現場のメンバーとうまくコミュニケーションがとれず、自信をなくしてしまったり、現場の不満が上にあがり、替えた方がよい状態になってしまう。そんなことを繰り返していました。

依頼を受けて実際に何が起こっているのか調査したのですが、会う人、会う人、みな責任感があり、仕事に対してきちんとしている人たちばかり。問題意識も明確で、組織としてのマネジメントのあり方、役割分担、仕事の進め方などの改善点を的確に指摘してくれます。その中で、マネージャーに対しても、十分機能していないということを、厳しく指摘される方もいました。

ただ、特に強く批判されているマネージャーにお会いしたら、その方も同じようにがんばっている。自分なりに良かれと思って厳しく指導したことが、批判されていたり、会議の場でみんなの意見を聞こうとしたことが、自分の方針を示さないと批判されたり。そういったことを繰り返しているうちに、自分から部下に声をかけることができなくなり、必要以外の話をすることもできなくなってしまった。そんな状態では良くないと思いながら、どう接したらいいのかわからない状況になっていました。

お互いに思っていることを素直に伝えることができず、会議でも黙っていて対話にならない。しかし、何かおかしいことがあると、どこからともなくその批判が上司や他部署を経由して耳に入ってくる。

そうしているうちに、メンバー間の関係も希薄になっていき、それぞれが自分の仕事だけにひきこもり、たんたんと仕事をこなしていく。そんな集団になっていきました。

なぜ、こんなことになったのか、原因として思い当たることを探り出していきました。そこで何人かが語ってくれたのは、数年前に担当していた部長の話でした。彼は高圧的なマネジメントをする人で、強い口調で人を追い込み、心を壊して仕事を辞める人を何人も出してしまった。そのとき、マネージャー（課長）は何もしてくれなかった。マネージャー自身も影を潜め、自分を守るだけで、部下が潰れていくのに何もしなかった。

でも、もう少し話を聞いていくと、そのとき、自分たち自身も何もできなかった、潰れそうに追い込まれている人がいても、大丈夫って声をかけることすらできなかった。結局、みんなが傍観者になってしまった、それがわだかまりとして、個々人の心の中に深く残ってしまったようです。

だから、新しいマネージャーが来ても、少しでもプレッシャーをかけるようなことを言われると抵抗感を示してしまったり、逆に部下を守ろうとする姿勢がなかったり、自分がリードしようとする姿勢がないと批判的になってしまう。でも、実はその怒りは、お互いのメンバーや自分自身に向けられていた。だから、批判はしつつも、お互いに踏み込んで解決しようという動きにはならない。そんな状況に陥ってしまったのだということがわかってきました。

これらの状況をわかっている中堅社員を集めて、今起きていること、それがどう連鎖してお互いを追い込んでいるかを客観的に説明しました。みんな同じことが引っかかっていたんだ、このままでは良くない、今ここで変えたい。この悪循環を断ち切りたい。そんな言葉が出てきました。

素直な感情を出せるようにする

そこで、中堅社員からの意見も踏まえて、研修を実施することにしました。マネージャーも含めて、みんなで良い職場づくりを考える研修です。彼らだけでは、ネガティブになりかねないので、元気な他部署の人たちも一緒に参加してもらい、部門横断で研修を実施しました。

ここで気をつけたことは、今の問題やその原因を直接話題にしないということです。気持ちの中でわだかまりを持っている人たちが、直接その原因を話そうとしても本音で議論できるわけがない。こちらからこういうことが起きているんですよとみんなの前で話しても、それでは自分たちが答えを見つけたことにならない。

そこで最初に、参考になる職場のビデオを見てもらうことから始めました。一人ひとりがお客さんのことを考えて、自律的に行動を起こしていく。だからといって、個人のことしか考えていないのではなく、お互いが協力し合いながら、お客さんのためになることをみんなで考えて実践していく。そのためにお互いが、本当に家族のように結びつき、先輩が後輩を支え、後輩もお客さんやみんなのためにがんばる。そんな後輩の成長を見て、自分もがんばろうと思う先輩たち。そしてお互いのがんばりを認め合い、褒め合いながら、それぞれが、自分が喜ばれる仕事をしている、仲間から必要とされているという実感を持てる。仕事には厳しいけれど、本当にあたたかい、こんな感情が映像からも伝わってくるビデオをみんなで見てもらい、素直に感じたことをシェアするということから始めました。

職場のメンバーを家族だなんて思ったことなかったけど、そう思うからこそ後輩のことをちゃんと面倒みたいって思うんだよね。リーダーが率先して、人が嫌がることをやるって、すごいな。やっぱり、お互いに対する感謝の気持ちを伝えることが一番大事だよね。

そんな言葉が行き交う中で、お互いが仕事に対して持っている思い、職場の仲間に対して思っている、こうあったらいいという思いが、自然に言葉になって出てきました。

中には、少し冷めて、こんなのは理想だと言っている人もいますが、みんなのこうあったらいいなという発言を聞いていて、少し自分はひねくれてしまったのかなとポツリとつぶやいたり。そんな対話ができるようになると、自然とみんなが笑顔になっていきます。

みんなが、良い職場にしたい、こんな職場で働きたい、そんな思いをまだ持っているんだということ。そこにお互いが気づくこと、そして安心すること。これが第一歩です。

その上で、そうはいっても実際にはお互いに協力し合う、助け合うことは難しいという話をします。その最大の原因は、やはりお互いを理解できない、意図が見えなくなることから生じる不信感です。相手の行動の背景にある意図が見えなくなると、相手を誤解したり、信頼できなくなったりする。しかし、実際には相手の意図を正しく知ることは難しい。外見や態度で誤解したり、先入観を持ってしまったり、自分のフィルターを通して見てしまったりする。だからこそ、相手のことをよく知る、自分のことをよく知ってもらうことが何よりも大切なんだ。自分のことを素直に伝えてみよう。そんな話をちょっとした心理実験と一緒にやっていきました。

今、起きていることは特別なことではない。お互いが見えなくなり、それが止まらなくなると、どんな組織でも起きてしまうことなんだということをみんなで理解する。

そこまでできたら、最後に自分たちで、良い職場ってどういう職場なのかを定義し合って、そのためにこれだけは共有しようというものを出し合ってみます。ヨリタ歯科クリニックの「アワ　クレド」のようなものをつくる場合もありますし、このときは、ちょっとしたことでもいいので、みんなでこれだけは大切にしよう、守ろうということだけを出してみました。

ここまで来ると、お互いに素直に、こんなことができたらいい、これだけはやってみようという議論ができるようになっていました。

それぞれのチームが発表して、最後に各人が自己開示をしようと、素直に今日の感想やこれだけは本当に大事にしたいなということを伝え合いました。

本当にそれぞれのメンバーがここで、今までの自分を振り返り、やはりこのままではよくない、ちゃんとみんなの気持ちを考えて、みんなで良い職場に変えていきたい、まずは自分からちゃんとみんなに挨拶をしたい、声かけをしたい、ありがとうと言いたい、そんな言葉が出てきました。追い詰められていたマネージャーからも、自分がうまく関われなくて、壁をつくってしまっていたということを痛感した、みんなのことをもっと理解したい、そんな言葉が出てきました。

一日の研修でしたが、何かみんなの中でわだかまりになっていたことが洗い落とされて、素直な気持ちを伝え合える、そんなきっかけになったようです。

この研修は、その後もいろいろな職場、会社でやっていますが、集団での認知行動療法だと思っています。集団全体で、人に対する見方を変える。原因を相手に求めるのではなく、自分の見方の中にあることを知る。でも、それをみんなが開示し合うことで、お互いの感情が見えてきて、安心できる。そんな状態に変えていく方法です。

心の底まで冷めきっているわけではない

冷え冷え感情が広まっている職場は、みんなが人との関係を断つことで自分をどうにか守ろうとしている、そんな感情が蔓延している職場です。これ以上、人と関わることで自分を傷つけたくない、自分を追い込みたくない。だから、自分の仕事の中だけに閉じこもろう。少しでもそこに負荷をかけてくる人がいたら、拒否しよう、逃げよう。こんな心理が、一人ひとりを小さな世界に閉じ込めていきます。

確かに、人と関わらない方が楽です。一時的には心が安定します。でも、孤独な世界で生き続けるほど、人はそんなに強くない。誰かに見ていて欲しい、自分のことをわかって欲しい、ありのままの自分を受け入れてくれる仲間が欲しい。そんな気持ちが心のどこかに残っている。私はそう思います。

ただ、それを言葉にするきっかけをなくしてしまった。言葉にしなくなっているうちに、本当にそんなことを自分は望んでいないんだと思い込んでしまった。こんな人が多くいるのではないでしょうか。

そうした感情が連鎖し、誰もお互いに関わろうとしない。そんな職場で働き続けるのは、やはりつらいと思います。

心の底から冷めてしまった人はそうはいない。もしそうだとしても、みんなであたため合えば、また大切な心は取り戻せる。そう信じて、行動を起こしてみませんか。うまくいかないケースもあると思います。でも、そう信じて、あたたかい感情を自分から伝えてみる。それがみんなの凍った心を解かすことになるかもしれない。無理をせず、できることでいいから、あたたかい感情を伝えてみてください。

第五章　良い職場、良い会社をつくろう

組織感情は、一人ひとりを元気にすることもあれば、一人ひとりを追い詰めてしまうこともあります。だから、その感情を自分たちで知り、自分たちを追い詰めている不快な感情は取り除き、自分たちを元気にしてくれる良い感情を引き出し、伝え合い、共有しよう。そして、自分たちで良い感情の連鎖を起こしていこう。これが、本書の主張です。

もしあなたが、自分の職場をもっと良くしたい、もっと一人ひとりがイキイキと楽しく働ける職場に変えたいと思ったら、まずは今の職場の感情を知ることから始めてみてください。

前向きな感情がなければ、意欲も行動も引き出せない。お互いを支え合う気持ちがなければ、チャレンジは生まれない。厳しい状況の中でも各人が前向きな行動を起こしていくためには、「良い感情」という支えが必要なのです。

具体的な方法や背景にある考え方は、前章で紹介してきましたが、まだまだいろいろな方法があります。大切なのは、それぞれの感情には、引き出すためのコツ、共有するための押さえどころがあるということです。

むやみやたらと、いろいろな施策を打っても、その感情が持っている特性を的確に理解していなければ、うまく感情を引き出し、共有することには結びつきません。人の心理や行動を理解すること、人と人との関係性を理解すること。その上で、これらの感情が継続的にやり取りされる仕組み、メカニズムをつくり出していくことが必要です。

ではどうすれば、良い感情の連鎖を継続的に起こせるような職場、会社に変えていくことができるのでしょうか。

最終章では、改めて良い職場、良い会社とは何なのかを考えていきます。そうした職場や会社が大切にしていること、根幹にあるものは何なのか。どうすれば、あなたの職場や会社も、良い感情の連鎖が持続できる組織になれるのか。

ぜひ、一緒に考えてみてください。

指揮者のいないオーケストラ

あなたは、究極の組織、理想の組織とはどういう組織だと思いますか。

社員がイキイキと働いていて、お互いを支え合っていて、それでいてお客さんにとっては最高の商品やサービスを絶えず提供できる。一人ひとりにとってここで働けることがこの上ない幸せであり、顧客や社会から見ても本当に素晴らしいものを提供している存在になっている。この組織と関わりがある、知っている人たちが、本当にいい組織だね、あなたは幸せだねと言ってくれる。何よりも自分が、本当にこの仕事ができること、この仲間と一緒にいられることに、心から感謝できる。そんな組織なのではないかと思います。

仕事には厳しく、より良いものを提供することには強い志を共有している。組織自体が社会から必要とされる存在となるために、絶えず高いレベルに向けて努力している。お互いに信頼し合っている、支え合っているからこそ、こうした努力をし続けることができる。このような組織なのではないかと思います。

自分たちの生み出すアウトプットに対しては厳しいけれども、それをつくり出すお互いに対してはあたたかい。そんな感情が行き交う組織が、一つの理想とする組織なのかもしれません。

そこで、良いものをつくることにはお互いに厳しくぶつかり合いながらも、お互いを支え合い、認め合っている組織の事例を見ていきたいと思います。

あなたは、指揮者のいないオーケストラがあることをご存じでしょうか。ニューヨーク州を拠点に活動を展開しているオルフェウス室内管弦楽団という三〇名弱のオーケストラです。彼らには指揮者はいません。指揮者なしで、みんながお互いに呼吸を合わせて、緊張感のある力強く優しい演奏をしています。

なぜ、彼らには指揮者がいないのか。それは、指揮者という一人の指導者によって、楽曲の解釈や演奏の方法が決められ、その通りに演奏することを強制されることを拒んだからです。もっと演奏家の意志で、自分たちで解釈して、自分たちの思いの詰まった演奏にしたい。そんな思いから始まった楽団です。

しかし、指揮者がいないからといって、リーダーがいない組織ではありません。むしろ、「みんながリーダー、みんながメンバー」という不思議な組織です。

演奏する楽曲をみんなで話し合って決めます。決まったら、その楽曲に詳しい、あるいは自分がやってみたい楽曲について、各楽器の演奏者の中から代表が出て、コアグループをつくります。彼らがまず話し合って、楽曲を解釈し、演奏方法を決めていきます。

そしてメンバーが全員集まってリハーサル。コアグループが演奏方法をたたき台として提示していきます。これにまた全員が意見を言いながら、楽曲を仕上げていきます。ドキュメンタリーDVDが市販されているので、ぜひご覧いただきたいのですが、本当によくここまで厳しい意見を言い合えるなというぐらい、お互いの演奏の仕方に提案したり、意見したりします。一見、喧嘩をしているのではないかと思うぐらい、厳しい真剣なやり取りがなされます。

実は演奏家の世界では、自分の専門ではない他の楽器の演奏家に対して意見を言うというのは基本的にはやらないこと、タブーだそうです。それぞれプロであるし、お互いを尊重しようとすると意見が言えない。でも、彼らはそれを厳しくやっています。そこには、ベースにある共通の価値観とマナーがあるからです。

　何よりも大切にしていることは、自分の質だけでなく、楽団全体の質を高めること、聴衆に対して最高のものを提供すること。その責任はすべての人に等しくあること。自分だけがいい演奏をしても、それだけでは意味がありません。楽団として最高の演奏をするために、もっとこうした方が良いと提案することが、この楽団に参加するメンバーにとっては当然の責任なのです。

　ただし、だからといって自分の意見を押し付けて、相手にそれをやらせてしまったら、それはそもそもの設立の趣旨とは反します。誰かに強制されるのではなく、自分たちの意志でこうしたいというものをつくりたい。だから、その提案を受け入れるかどうかは、その人自身が決める。これがマナーです。決して押し付けず、最後は各人の意志が尊重されます。

　またその意見の言い方にも、マナーがあります。自信と自制を持って対話すること、他者を尊重した純粋な批判であること、最後はコンセンサスを形成すること。思いっきりぶつかり合うけれど、相手を尊重すること。あくまでいい演奏をするための提案であること。こうした視点を共有しているからこそ、思いっきり、みんなが意見を言い合えるのです。

オルフェウスには次のような八つの大切にする考え方、プロセスがあります。

①その仕事をしている人に権限を持たせる
②自己責任を負わせる
③役割を明確にする
④リーダーシップを固定させない
⑤平等なチームワークを育てる
⑥話の聞き方を学び、話し方を学ぶ
⑦コンセンサスを形成する
⑧職務へのひたむきな献身

この組織は、ある意味で役割としてのリーダーが固定されない特殊な組織です。ただ、リーダー不在の組織ではありません。みんなが自律した、みんながリーダーの組織です。実際にすべての人たちが入れ替わりで、楽曲を解釈し提案し、まとめていくコアグループに入ります。でも、それはリーダーシップをとりたいからということではなく、実は良いメンバーになるためには、リーダーの立場を経験し、リーダーの難しさを実感しなければならないという考え方があるからだそうです。

良いメンバーになりたければ、リーダーを経験しなさいという考え方です。イキイキ感情の中でも、こうした主体感は、一人ひとりの前向きな行動を引き出していきます。でもそれを個人の責任だけで、あなたの力でどうにかしなさいと言われて、本当に主体的になるのはつらいことです。

自分だけが主体的になっても、周りが主体的になってくれなければ、自分がすべてを抱え込むことになる。みんながリーダーの苦労を知り、だからこそ、自分も必要なタイミングでは自分がリーダーシップをとってみる。メンバーも状況次第で自分が周囲に働きかけ、自分から前に出てみる。

こうした「みんながリーダー、みんながメンバー」という意識が、この組織を支えています。

もう一つ、彼らがこれだけ厳しいやり取りができるのは、お互いへの深い信頼と理解があるからです。家族を含めた濃い付き合いをしていて、各人の私生活のこと、お互いの家族のこと、楽団内で誰と誰が付き合っているかまで、よく知っているそうです。だからこそ、ぶつかり合いもあるし、いろいろな感情に悩むこともある。でもそうしたことも含めてお互いを理解し合っているからこそ持てる、深い信頼があるのだそうです。同じものを志す人たちが、お互いを尊敬し、お互いの人間性を受け止め、共に生きている。そんな強い「絆《きずな》」があるのだと思います。

心を育てる

同じような事例で、すでに何回か紹介していますが、北九州にあるバグジーという美容室の事例があります。

美容室で一番大切なのは、リピーターになってくれるお客さんを増やすこと、さらにそのお客さんが他の知り合いを紹介してもらえるぐらいのファンになってくれることです。お客さんに本当に好きになってもらえる、そんなサービスを提供することが、美容室が成功できるかどうかに大きく影響します。

そのためには、まずは個々人がしっかりとした技術を持った上で、お客さんに好きになってもらえる接客ができるかどうかが大切です。

技術については、スタイリストになるために、厳しいトレーニングと努力が必要です。全員の年間計画を表したスケジュール表を貼り出し、自分がクリアすべき課題を明確に設定して、毎月、確認していきます。

バグジーアカデミーという学校を開いていて、交替で参加して、技術の習得だけでなく、お客さんへの姿勢なども学んでいきます。しかも、先輩がトレーナーとして参加し、丁寧に指導をしていきます。

厳しい収益管理や現場に数字のプレッシャーをかけることはしません。でも、一人ひとりのスキルがどこまで高まっているかと、さらにリピーターになってくれるお客さんが増えているかを見ています。そして、足りないところを一つひとつ超えていけるように、指導・支援していきます。仕事の厳しさと面白さを先輩が丁寧に、真剣に教えていく。これは各職場の中でも行われています。

同時に、彼らは「お客様のためになることだったら、何をやってもよい」という価値観を共有しています。だから、お客さんの誕生日や受験に合格したと聞いたら、みんなで準備をしてお祝いをしたり、お客さんに喜んでもらおうと、一人ひとりのお客さんと話したことをお客様カードにメモし、ちょっとした気遣いや楽しいやり取りができるようにいろいろなサプライズを提供したりしています。

お客さんだけでなく、取引先の出入り業者の方にもお礼の色紙を書いて、みんなで日ごろの感謝の気持ちを伝えたり、仲間同士も誕生日のお祝いからイベントまで、みんながお互いにしてあげたいと思うことなら、何をやってもいい。これが彼らの共通の価値観になっています。

そうした価値観を共有して、お客さんのために、仲間のために、自分からできることをやれるようになるために、実はいろんなことを仕掛けとして行っています。

そのコアになっている取り組みの一つが、心の教育。たとえば、心を揺さぶる感動的な物語や手記をみんなで朗読してみる。その書き手、登場人物の気持ちになってみる、素直な気持ちをみんなの前で出してしまう。自然とこぼれる涙が、人を優しくしてくれる。それがお客さんに、取引先に、仲間に優しくなることにもつながる。そんなお互いを思いやる気持ちを引き出す教育も行っています。

また、入社式の時に、新入社員一人ひとりの親からの手紙を読み上げます。親のありがたみ、親の自分に対する思いを知ることで、心からの感謝の気持ちが湧いてくる。その感情が、自分たちのこれからの支えになっていく。

毎年、クリスマスには児童養護施設を訪問しています。みんなが仮装して、クリスマスプレゼントを持って、施設を訪れる。ただボランティアをしようという、そういったものではありません。むしろ、本当に子どもたちのがんばりから、自分たちもエネルギーをもらうために行っています。一人ひとりが、子どもの気持ちと成長に向き合う中で、自分自身のがんばりに変えていける。

こういった、一人ひとりの心を育てることが、誰かのために何かをしたいという気持ちと姿勢を育てています。

みんなが自律的に行動を起こし、お客さんのためにできることを考え、実践していく。そして、それをお互いが支え合い、育て合うために、各美容室の中で先輩が技術や接客方法を親身に教えてくれたり、スタイリストがアシスタントをサポートしたり、みんなで店づくりのアイデアを出し合ったり、良い仕事はみんなの前で披露して褒め合ったり、お互いに対する感謝の気持ちを書いて伝え合ったり。こんなことが自然とできる、そんな人たちです。

自分たちの職場は自分たちでつくる

この二つの事例に共通しているものは、何だと思いますか。

まずは、メンバー全員が、主体者意識を持ってリーダーシップを発揮しているということ、誰かがやってくれるのを待っているのではなく、自分から行動を起こしているということです。

この職場、この組織は自分たちでつくっていく、自分たちがオーナーであるという意識を持っている。そういう意味では「オーナーシップ」を全員が持っている組織とも言えます。

でも、それは強制されているからではありません。組織全体に、みんなが自律的に行動を起こしていくことが自然とできる、そうした組織感情が広がっているからです。良いものをみんなでつくるんだ、そのために一人ひとりが良い仕事ができるようになる、そのためにお互いに教え合い、支え合う。こうした行動を引き出し合うための価値観やマナー、仕掛けや仕組みが、一貫性を持って共有されている。これが、イキイキ感情とあたたか感情が絶えず生み出され、交流していく状況をつくり出している。

良い職場、良い会社をつくるためには、「みんながリーダー、みんながメンバー」「他者のためにできることは何でも自分からやる」といったコアとなる考え方を共有し、その思いや感情を引き出す取り組みを多面的に行っていくことが必要です。

でもいきなり、すべての仕組みを整備することができるわけではない。だとすると、お互いの力が最大限発揮でき、組織全体としての最高のものを世の中に提供できるようになるために、何が一番大切なのでしょうか。どこに一番力を入れなければならないのでしょうか。

組織を支える「つながり力」

こうしたことを考えるためにもう一つ、強いチームの事例を見ていきましょう。

二〇〇九年春のＷＢＣ（ワールド・ベースボール・クラシック）の日本代表チームを見て、どう思われましたか？

『不機嫌な職場』の中でも定義したのですが、組織力は個々人の力と個人間のつながりで決まる（組織力＝個人力×つながり力）と私は考えています。一人ひとりの力と、その力がどう結びつくか。

日本代表チームが素晴らしかったのは、まずは個々人の力です。

全体に高い基礎力を持っている人たちが集まっていたこと。コントロール抜群の投手陣、きわどいコースを見極める選球眼やカットする高い技術、複数の守備位置をこなせる柔軟性、ベースとしての強いプロ意識。こうした基礎力の高さが土台にあったことは確かです。

さらに、一人ひとりが自分の武器、突出したスキル、得意技を持っていたこと。みんながホームランバッターではなくても、一人ひとりが個性的なピッチングやバッティングができる選手が集まっていたこと。この個性のバリエーションも高かったのではないかと思います。

ただ、これだけではやはり優勝はできなかったでしょう。そのうえで素晴らしかったのが、「つながり力」ではないでしょうか。

「つながり力」にも、大きく二つの意味があります。

一つは、全体としての結束力。二連覇という高い目標に強いプレッシャーを感じながらも、目標に向けて一つになっていく力。これが結束力です。

おそらく、結束力は経験を共有し、思いを共有していく中で高まっていきます。勝ち続ける中で、あるいは修羅場を経験していく中で、共有されたものがあるのだと思いますが、このチームの面白さは誰か一人のリーダーが強くみんなを引っ張っていったわけではないということです。

イチロー選手が優勝会見で、「チームにはリーダーが必要だという安易な発想があるようですが、今回のチームにまったくそんなものは必要なかった。それぞれの選手が向上心を持っていれば、そんなものはいらない。ない方が良いくらいだ」と語っています。

本当に一人ひとりの高みを目指す気持ちが共有され、つながり、さらに引き出し合う。そんな連鎖が高い結束力を生んでいたのではないかと思います。

もう一つは、まさに日本野球の強みともなっていた、打線のつながり、投手陣のつながりだったと思います。一人ひとりが今何をすべきか、そのときの状況に合わせて、柔軟に役割を変え、対応しながら、前後のつながりを考えて動く力。

こうした、お互いのつながりは、お互いを支え合い、認め合う気持ちから生まれていたのだということが、選手たちのコメントからもよくわかります。

ダルビッシュ有投手は、最後の二試合、ストッパーを任されて、それまでストッパーだった藤川球児投手に申し訳ないと思ったが、藤川投手からいろいろアドバイスをもらって本当に感謝していますと、会見で言っています。青木宣親選手はイチロー選手が、ことあるごとに「成長したな、良い選手になったな」と言ってくれたことが励みになった、自分のがんばりの支えになったと言っています。また、決勝戦の九回、松坂大輔投手はベンチを離れ、ブルペンに向かっています。胴上げにすぐ加われるようにベンチにいた方がよいのに、ブルペンのみんなが気になって向かったとコメントしています。

お互いの選手が一人ひとりのことを考え、自分に今できることをしていく。この考え方が打線のつながり力、投手陣のつながり力の高さを生み出していたのではないかと思います。

日本の野球は、アメリカの豪快な野球《ベースボール》とは違い、スモールベースボールと言われてきました。犠打を重ねて、走者を進めながら確実に点を取っていく野球です。でも、今回さらに進化した日本のベースボールというものが見えた気がします。

強い「つながり力」は、高い柔軟性を必要とします。状況に合わせて、自分の役割を変えていくこと、そのとき必要なことを瞬時に判断して、行動に移せること。

そのためにも、まずお互いの状況をよく知ること、その感度が高いことが必要だし、同時に、他の役割を担えるだけの高い技術、基礎力が必要です。つまり、みんなで目標に向かって一致団結しようとするだけでは、強いつながり力は生まれないのです。

何か、今の日本企業、日本人の働き方にとっても、大きな示唆を与えてくれているように思いませんか。

つながり力が、個々人の自律を促す

個々人が仕事をしていく上でベースとなる力、すなわち、物事を理解し、何をすべきかを判断し、行動を起こしていく力は、誰にも必要です。同時に、個々人が自分の得意分野、専門性を持つことも、必要です。

一緒に仕事をしていく仲間として、やはり能力に対して信頼できるレベルであることは、必要になってきているのだと思います。

ただ、それだけで良い職場、良い組織ができるわけではありません。各人の力が引き出され、その力が結びついて初めて、職場全体の力になる。

このとき大切なのが、この「つながり力」なのだと思います。全員が同じ価値観に共鳴し、何のために集まっているのか、その意味や意義を感じている。同時に、仕事をつないでいく、仕事全体が大きな動きになっていくように、お互いの知恵や技術を結びつけていく。こうした連鎖ができて初めて、個々人の力が生きてきます。

しかし、バブル崩壊以降、日本の会社は個人の力を高めることに躍起になり、このつながり力を高めることをやらなかった。それどころか、つながり力が強すぎたことが、お互いの甘えを生んだと、つながりをつくってきた仕組みをことごとく無駄なものとして排除してしまった。その結果、お互いの仕事をつなぎ、一つのものをみんなで生み出しているという意識が希薄になり、お互いのために仕事をする意識も失われてしまった。

これが関係性の希薄な職場、不機嫌な職場を生み出した最大の要因です。

個々人がまず自律すること。それは、避けては通れない、大切なプロセスでした。周囲に依存したまま、誰も前に一歩踏み出す人が出てこなければ、みんなで沈むしかなかったのだと思います。自分に厳しく、自分を高める努力をすることは、より良い職場、良い組織をつくるためにも必要でした。

でも一つ大きなことを忘れていた。それは、一人ひとりの力を引き出すのはその人自身だけではないということです。周囲の人がいるからこそ、支えてくれる人がいるからこそ、人は自分の力が発揮できる。本人だけでなく、上司も、先輩も、同僚も、みんながお互いの力を引き出し合い、育て合っているということを忘れてしまった。お互いがお互いのために、全体のために何かをしたいという気持ちが、自分もがんばるという気持ちを引き出し、自発的な行動を引き出していたのです。

個人力を高めるためにも、実はつながり力は必要だということを、見落としていたのではないでしょうか。

一見、人は利己的な存在であり、自分の利益のためでなければ行動を起こさない存在のように思われます。確かに、厳しい競争社会の中で勝ち残らなければ、自分が潰されてしまうかもしれない。こうした状況の中では、自分の利益のための行動をしていくこと、自分の力を高めていくことが、賢い生き方のように思われます。

でも、利己のために行動を起こす人が増えていけば、お互いが自分の利益を奪う存在になりかねない。そんな不安を抱えていくことになります。それがお互いを知ること、お互いが関わり合うことを妨げてしまい、個々人が自分の中に閉じこもる。それが結局、自分を追い込んでいく。

自律するため、自分の力をつけるためには、自力で乗り越える経験は必要です。でも、それも支えてくれる仲間がいるから、みんながそんな努力をしているからこそ、乗り越えていくことができる。利己のためでなく、利他のために、何かをしたい。その気持ちが、自分の限界を超えてでも、もっとやってみよう、もっとがんばろうという意欲と行動を引き出してくれます。

利己のための自律よりも、利他のための自律の方が、個人の力をより引き出してくれる。自分だけだったらこのくらいでもいいやとあきらめてしまったり、めげてしまいそうなことでも、喜んでくれる人がいる、支えてくれる人がいるからこそ、自分の限界を超えてでもがんばろうとする。喜んでくれる人がいる、支えてくれる人がいると思えるからこそ、思わぬ底力が出てくる。人のがんばりというものは、そういうものなのではないでしょうか。

だからこそ、良い組織、良い職場にとって一番大切なのは、自分が誰かのために、誰かの力になりたい、そんな思いを持てる関係、つながりができていること、それが組織を支えていることです。ここまで紹介してきたすべての事例に共通するのは、お互いがお互いを思いやる力があるということです。組織のためにではなく、彼のために、彼女のためにということを、メンバー全員が共有しているということです。それが、お互いの力を引き出し合い、全体の力になっていくのです。

良い職場、良いチーム、良い会社をつくるものは何か。確かに個人の力は必要だし、全員の結集した力も必要です。でもそれを支えているのは、お互いのことを感じ、お互いに自分のことを伝え合い、お互いに同じ思いを持つ、そんなお互いに交換される感情そのものなのではないでしょうか。

どんな感情が交換されるのか、それをどう交換し合うのか。これを組織の日常の中に、どのように当たり前に起きていくようにしていくのか。それをみんなで共有して、具体的に交換し合う感情を引き出す仕掛けを考えること。そのちょっとした仕掛けを使って、お互いの感情を持続的に伝え合えるメカニズムをつくり出すこと。これが自分たちで良い職場、良い組織をつくり出すことにつながるのです。

感じる力、思いやる力を取り戻そう

この最も根幹にある、相手に関心を持ち、相手の変化に気づき、思いやる力が、どうも抜け落ちてしまったように思います。

気づくとみんなが自分を守るために無感情を装ううちに、周囲の人たちの感情に気づけない、感情を読み取る力が落ちてしまったのではないでしょうか。

日ごろから関心を持っていれば、隣の人がいつもと違って、ちょっとイライラしていると感じたら、「どうかした?」と声をかけることができます。でも、ちょっとした変化に気づいてあげられない。表情やしぐさ、声のトーンの違いがわからない。誰も気づいてくれなければ、イライラしていることがあってもその人は自分で処理するしかない。

また、何か出来事が起きたときに、その人の感情にまで思いが及ばない。お客さんを怒らせてしまうような不躾《ぶしつけ》な言動をした。上司や周囲があわてて対応する。なんてことをしてくれたんだとみんなが厳しく責める。しかし、よくよく考えると、普段、そんな言動をするような人ではない。なぜ、こんなことをしてしまったのだろうか。何か他に心配ごとでもあったのだろうか。そんなことが気になる。だから、落ち着いたところで「何かあった？」と声をかけてみる。

一人ひとりの変化に気づくこと、何かあった時にただその人の行動を非難するだけでなく、その人の感情を知ろうとすること。その背後に何かないかと心配すること。これが人と人とのつながりを生む。これが最初の第一歩です。

周囲の人のことを感じられない、変化に気づいてあげられない、何かあってもその人の感情に思いを馳せることができない。これは職場だけで起きていることではありません。社会全体が、人の感情に気を配る力が落ちているのだと思います。

自分を傷つけてしまう人も若年層で増えています。特に今は、三〇代の自殺が増加しています。その前は四〇代、二〇〇〇年ぐらいまでは五〇代の自殺が増加していました。身近な人がこんな選択をしてしまったら……。そんなことだけは、あって欲しくない。

他人には計り知れない苦しみを持っている人はいます。でも、それに気づいてくれる人がいない、気を配ってくれる人がいない。そんな状況をつくり出してはならない。

だからこそ、あなただけでも周りの人に気を配ってください。周囲の人たちを観察してみてください。じっくり見てみてください。どんな表情で働いているのか。笑顔は出ているか。つらそうな顔をした人はいないか。

良い職場づくりの第一歩は、一人ひとりに関心を持ち、一人ひとりの感情に思いを馳せること。感じる力、思いやる力をみんなで取り戻すこと。これが最も大切なことなのではないでしょうか。

組織も人も、健康でありたい

良い職場、良い組織を支える一番大切なもの。それは、感じる力であり、思いやる力です。それが土台としてしっかりできているからこそ、お互いに良い感情を伝え合うことができるようになる。

そして、こうした良い感情を継続的に伝え合うことができるような仕組みやメカニズムをつくり出し、適正状態を維持していくことが、組織感情をマネジメントするということです。

感情というものは、本当に厄介なものです。ちょっとした出来事で、感情は乱され、自分を追い込んだり、他者に感情をぶつけたりしてしまいます。感情を適正範囲内でコントロールすることは、社会生活を行ううえで大切です。

でもそれは、感情を抑えるということではなく、適度に感情を解放し、伝え合うことで、感情崩壊ラインを超えないようにするということです。感情を自分の内側にため込んでしまえば、やがて感情が行き場をなくし、自分を責めるか、他者を責め始める。自分に向かう人は抑うつ状態になり、人に向かう人はキレてしまう。どちらも良いことではありません。

組織感情も同じです。適正範囲の中で、良い感情が連鎖して、共有されていれば、攻撃感情が行き交い組織が壊れることも、ひきこもり感情が蔓延しお互いを小さい世界に閉じ込めてしまうこともありません。

組織感情をマネジメントするのは、組織が健康でいるため、そこで働く人たちが心も身体も健康であり続けるためです。

これ以上、壊れていく人を一人でもつくりたくない、みんなが少しでも前向きに働けるようにしたい。そしていつかきっと、本当に良い職場、良い会社に変えていきたい。そんな思いをぜひ、口にしてみてください。同じ思いを持った人は、必ずいます。

笑顔になれる関係をつくろう

良い感情の連鎖を起こし続けることは、並大抵なことではありません。ちょっとしたことがきっかけで、お互いに声をかけられなくなってしまったり、本音が言えなくなってしまったりします。

だから、ちょっとした兆候が出てきたら、自分たちで立ち止まって、大丈夫かなとチェックをしてみて欲しいのです。

組織感情診断はできれば三ヵ月、少なくとも半年に一回ペースで実施してみて欲しいと思います。というのは、数ヵ月以上、同じ気分が続いてしまうと、それが固定化して、なかなか変えられなくなると言われているからです。

でも、もっと簡単な方法もあります。それは、職場の仲間と写真を撮ることです。

あなたは、最近、職場の仲間と写真を撮ったことがありますか。昔は、一緒に旅行に行ったり、飲み会に行ったりして、そのときの写真が残っていたりしたものです。あるいは職場の中での写真もあったりします。

でも、最近はカメラ付き携帯電話をみんな持っているにもかかわらず、職場の仲間と写真を撮ることをしない。そんな余裕も、そんな機会も、なかなかないのだと思いますが、それ以上に写真を撮ろうという気持ちが出てこないのだと思います。

だから、ぜひ、あなたも職場の仲間と写真を撮ってみて欲しいのです。まずは、いきなりメンバーを集めて写真を撮ってください。そのときどんな表情で写るか、確かめてみてください。

そして、組織感情を引き出し、共有する取り組みを数ヵ月続けてみて、そのあと改めて写真を撮ってみてください。そのとき、みんなの表情がどう変わっているか。

自然な笑顔の溢れた写真になっているか。みんなが手を上げて、イキイキとした表情をしているような、そんな元気な写真になっているか。

笑顔になれる関係、笑顔で満たされた職場、笑顔を大切にする会社。

こんな素敵な笑顔を、世の中にいっぱい、いっぱい広げていきたい。それが私の心からの願いです。

おわりに

私は、どうも人一倍、感情がすぐに表に出てしまう人間のようです。職場でも、研修をやっていても、ちょっとしたことですぐ感動して泣いたり、大声で笑っていたり、逆に何かおかしいなと思うことがあるとすぐに興奮して、戦おうとしたり。自分で言うのも何なのですが、大変疲れる性格です。

同時に、周りの人たちの感情にも本当に影響を受けてしまいやすい人間のようです。周りの人たちが元気だったら、自分もそのエネルギーをもらい、増幅させて、それ以上のエネルギーを発することができるし、逆に周りの人たちがネガティブなオーラを出していると、自分のエネルギーも急激に低下してしまいます。

正直、こんな人間ではダメだなと思うことばかりです。人の気持ちを思いやることができず、自分の感情をストレートに出してしまい、相手を追い込んでしまうこともあります。そんな時は、本当に落ち込みます。

こんな人間だから、やはり自分の周りの人たちと良い関係でありたい、そうあることが自分がイキイキと生きていくために、本当に必要なことだといつも感じていました。

私が「関係性」をテーマに研究し始めたのは、大学院時代です。どうすれば、お互いが気持ちよく知恵と力を出し合える関係になるのか。協創や協力を生み出す関係形成のメカニズムを明らかにしたいと思い、さまざまな対象の関係性を分析してきました。

そして、そんな研究の視点と実際の仕事とが大きく結びついたのが、職場の関係性というテーマでした。前作の『不機嫌な職場』はこうした自分の思いと、仲間の思いが結集してできた本です。しかも、四人の著者でまさに協力して書いたものです。そういう意味で、この本は自分にとって、これまでの集大成になりました。

この本を書いていく中で、もう一つ大きな思いが出てきました。不機嫌な職場を変えたい、ご機嫌な職場をつくりたいというなら、自らも実践してみたい。自らが本当に心から最高だと思える職場をつくりたい。

そんなときに、野村総研時代の上司であり、私をコンサルタントに育ててくれた師匠である野田稔から、新しい会社（ジェイフィール）をつくりたいという誘いを受けたのです。自分が一緒に良い会社づくりを実践できる。やってみたい。そう思いました。

そして、本当に素晴らしい仲間が集まり、志を共有し、世の中に良い感情の連鎖を起こし、笑顔でいっぱいの職場づくり、会社づくり、社会づくりに向かって、みんなで知恵を

出し合い、思いを伝え合い、やるときはみんなで一丸となって取り組む。ジェイフィール
は、そんな会社になってきています。

でも、その過程では本当にいろいろなぶつかり合いがありました。私が仲間を追い込ん
でしまったり、逆に自分が追い込まれてしまうこともありました。正直、本気でぶつかり
合うことの大変さも知りました。

そのときに、必ず私を支えてくれる仲間がいました。一人ひとりを思いやる気持ちが、
土壇場で追い込まれたときに、自分を支えてくれました。

「組織感情」という概念が出てきたのは、このジェイフィールでの議論の中からです。も
ともと、野田稔が「感情」をテーマにしていて、それと私がテーマにしてきた職場の「関
係性」とが結びついたときに、組織感情という概念が生まれました。ですから、この本は
ジェイフィールのみんなの知恵と経験が詰まった本です。

良い職場、良い会社づくりに終わりはありません。ちょっと油断すると、お互いのこと
が見えなくなって、自分だけが取り残された気持ちになってしまったり、自分が前に出過
ぎて、周りの気持ちが見えなくなったりします。

それに、新しい仲間が加わったり、卒業していく人たちも出てきて、組織の感情が大き

く変わってしまうこともあるでしょう。

だから、いつも立ち止まり、周りを見渡し、良い感情が本当に行き交っているか、自分がネガティブな感情を振りまいていないか、確認しないといけないのだと思います。そうしたお互いの感情に気を配り、思いやることを大切にしていれば、きっと良い感情の連鎖は生まれて来る。私はそう思います。

良い職場をつくるのは、まぎれもなく「あなた自身」です。あなたの感情は、周りの人たちに影響を与える力を持っています。だからこそ、あきらめないでください。

焦る必要はありません。無理をする必要もありません。できることだけでいいのです。でも、あきらめず、少しずつ良い感情を自分から伝えてみてください。

それが良い感情の連鎖を起こし、その感情があなたに戻ってきて、きっとあなたを幸せにしてくれます。

高橋克徳

二〇〇九年八月

主要参考文献・資料

福田正治著『感情を知る　〜感情学入門〜』ナカニシヤ出版、二〇〇三年
福田正治著『感じる情動・学ぶ感情　〜感情学序説〜』ナカニシヤ出版、二〇〇六年
濱治世・鈴木直人・濱保久著『感情心理学への招待　〜感情・情緒へのアプローチ〜』サイエンス社、二〇〇一年
ランドルフ・R・コーネリアス著、齋藤勇監訳『感情の科学　〜心理学は感情をどこまで理解できたか〜』誠信書房、一九九九年
ディラン・エヴァンズ著、遠藤利彦訳『感情』岩波書店、二〇〇五年
アントニオ・R・ダマシオ著、田中三彦訳『感じる脳　〜情動と感情の脳科学　よみがえるスピノザ〜』ダイヤモンド社、二〇〇五年
リン・クラーク著、菅沼憲治監訳、ジャレット純子訳『感情マネジメント　〜アサーティブな人間関係をつくるために〜』東京図書、二〇〇六年
D・ディンクメイヤー&G・D・マッケイ著、柳平彬訳『感情はコントロールできる　〜幸福な人柄を創る〜』創元社、一九九六年
ジャコモ・リゾラッティ&コラド・シニガリア著、柴田裕之訳、茂木健一郎監修『ミラーニューロン』紀伊國屋書店、二〇〇九年
塚越寛著『いい会社をつくりましょう。』文屋、二〇〇四年
ハーヴェイ・セイフター&ピーター・エコノミー著、鈴木主税訳『オルフェウスプロセス　〜指揮者のいないオ

ーケストラに学ぶマルチ・リーダーシップ・マネジメント～』角川書店、二〇〇二年
野田稔・ジェイフィール著『あたたかい組織感情　～ミドルと職場を元気にする方法～』ソフトバンク　クリエイティブ、二〇〇九年
高橋克徳・河合太介・永田稔・渡部幹著『不機嫌な職場　～なぜ社員同士で協力できないのか』講談社現代新書、二〇〇八年

『伊那食品工業　いい会社をつくりましょう。』（DO　IT！ビデオ　vol.85）
『BAGZY　優しさと愛が溢れる美容室！』（DO　IT！ビデオ　vol.73）
『BAGZY　It's a Hospitality World!　～優しさが磨かれる人間力の経営～』（DO　IT！ビデオ　vol.88）
『オルフェウス室内管弦楽団　～26人の指揮者たち～』（ジュネオン・エンタテインメント　DVD）

N.D.C. 335　238p　18cm
ISBN978-4-06-288016-9

講談社現代新書　2016

職場《しょくば》は感情《かんじょう》で変《か》わる

二〇〇九年九月二〇日第一刷発行　二〇一〇年九月七日第五刷発行

著者　高橋克徳《たかはしかつのり》　

発行者　渡瀬昌彦

発行所　株式会社講談社

東京都文京区音羽二丁目一二—二一　郵便番号一一二—八〇〇一

電話　〇三—五三九五—三五二一　編集（現代新書）
〇三—五三九五—四四一五　販売
〇三—五三九五—三六一五　業務

装幀者　中島英樹

印刷所　豊国印刷株式会社

製本所　株式会社国宝社

定価はカバーに表示してあります　Printed in Japan

「講談社現代新書」の刊行にあたって

教養は万人が身をもって養い創造すべきものであって、一部の専門家の占有物として、ただ一方的に人々の手もとに配布され伝達されうるものではありません。

しかし、不幸にしてわが国の現状では、教養の重要な養いとなるべき書物は、ほとんど講壇からの天下りや単なる解説に終始し、知識技術を真剣に希求する青少年・学生・一般民衆の根本的な疑問や興味は、けっして十分に答えられ、解きほぐされ、手引きされることがありません。万人の内奥から発した真正の教養への芽ばえが、こうして放置され、むなしく滅びさる運命にゆだねられているのです。

このことは、中・高校だけで教育をおわる人々の成長をはばんでいるだけでなく、大学に進んだり、インテリと目されたりする人々の精神力の健康さえもむしばみ、わが国の文化の実質をまことに脆弱なものにしています。単なる博識以上の根強い思索力・判断力、および確かな技術にささえられた教養を必要とする日本の将来にとって、これは真剣に憂慮されなければならない事態であるといわなければなりません。

わたしたちの「講談社現代新書」は、この事態の克服を意図して計画されたものです。これによってわたしたちは、講壇からの天下りでもなく、単なる解説書でもない、もっぱら万人の魂に生ずる初発的かつ根本的な問題をとらえ、掘り起こし、手引きし、しかも最新の知識への展望を万人に確立させる書物を、新しく世の中に送り出したいと念願しています。

わたしたちは、創業以来民衆を対象とする啓蒙の仕事に専心してきた講談社にとって、これこそもっともふさわしい課題であり、伝統ある出版社としての義務でもあると考えているのです。

一九六四年四月　野間省一